中国特色政党制度研究
年度报告（2005）

中央社会主义学院政党制度研究中心 ⊙ 编

中央编译出版社
Central Compilation & Translation Press

《中国特色政党制度研究年度报告》编委会

主　任：袁廷华
副主任：李金河
编　委：(按姓氏笔画为序)
　　　　王柄舟　王鑫帅　石光树　孙　信　朱世海
　　　　吴先宁　邱国义　李金河　张衍前　杨首茹
　　　　杨绪盟　周　荣　孟效中　郑　宪　郑世凯
　　　　袁廷华　贾小明　高栓平　韩宝柱　葛　瑄

前　言

在与各民主党派充分协商基础上，中共中央于2005年2月颁发了《中共中央关于进一步加强中国共产党领导的多党合作和政治协商制度建设的意见》（以下简称《意见》）。这是在我国多党合作事业中继中共中央1989年颁布的《中共中央关于坚持和完善中国共产党领导的多党合作和政治协商制度的意见》后，又一份指导我国多党合作和政治协商的纲领性文件。《意见》的颁布引起了社会的广泛关注：中国共产党各级党委和民主党派各级组织积极开展学习活动，认真贯彻落实文件精神；理论界也专门举办研讨活动，形成了一批有份量的研究成果。

为了对2005年中国特色政党制度理论研究情况和中国大陆各政党活动情况作一个总体性概述，进而为社会各界、特别是从事当代中国政党和政党制度研究的专家学者们提供一份翔实、系统的资料,中央社会主义学院政党制度研究中心特组织各方面力量编纂《中国特色政党制度研究年度报告》(2005)。本报告的内容主要包含三大部分:一是中国特色政党制度理论研究综述,二是中国大陆各政党活动纪要,三是供研究者查考的篇章名目。

《中国特色政党制度研究年度报告》(2005)不是一般性地描述中国大陆的各个政党情况,而是突出中国特色社会主义政党制度研究,广泛涉猎政党制度理论研究成果,尤其对八个民主党派在2005年的重要活动进行了全面而详细的概括。

本报告在编纂过程当中,得到了中央社会主义学院领导、各民主党派中央领导及有关专家学者的大力支持、帮助和积极参与,在此我们谨致谢意!

编纂此报告,对我们中心来说,亦是一项探索性的工作。无论是在内容的选择还是在体例的编排等方面,一定存在不足之处,恳请各界指正,以臻完善。从2005年开始,中央社会主义学院政党制度研究中心将每年编纂一份政党制度研究年度报告以飨读者。

中央社会主义学院政党制度研究中心
2006年9月

目　录

前言 1

一、中国特色政党制度研究综述 1
（一）《意见》对中国特色政党制度理论和政策措施的新发展 1
（二）中国特色政党制度与社会主义政治文明建设 7
（三）中国特色政党制度与构建社会主义和谐社会 13
（四）中国特色政党制度建设的路径依赖 19

二、执政党研究综述 23
（一）党的执政能力建设 24
（二）党的先进性建设 28
（三）党的执政理论 32
（四）执政党的思想、组织、作风、制度建设 38

三、参政党研究综述 42
（一）关于加强参政能力建设的研究成果和进展 43
（二）《意见》关于参政党建设的论述和有关问题的探讨 47
（三）民主党派与构建社会主义和谐社会 57

（四）关于民主党派进一步发展问题的探讨 …………… 60
　　（五）关于加大参政党建设理论研究力度的问题 ………… 62

四、执政党活动纪要 ……………………………………………… 63
　　（一）经济建设 ……………………………………………… 63
　　（二）政治建设 ……………………………………………… 67
　　（三）文化建设 ……………………………………………… 71
　　（四）社会建设 ……………………………………………… 74
　　（五）国防和军队现代化建设 ……………………………… 76
　　（六）推进祖国和平统一工作 ……………………………… 78
　　（七）党的建设 ……………………………………………… 80

五、中国国民党革命委员会活动纪要 …………………………… 86
　　（一）重要会议及活动 ……………………………………… 86
　　（二）参政议政 ……………………………………………… 95
　　（三）社会服务 ……………………………………………… 101
　　（四）自身建设 ……………………………………………… 103

六、中国民主同盟活动纪要 ……………………………………… 107
　　（一）重要会议及活动 ……………………………………… 107
　　（二）参政议政 ……………………………………………… 113
　　（三）社会服务 ……………………………………………… 120
　　（四）自身建设 ……………………………………………… 123

七、中国民主建国会活动纪要 …………………………………… 129
　　（一）重要会议 ……………………………………………… 129
　　（二）参政议政 ……………………………………………… 134
　　（三）社会服务 ……………………………………………… 138

（四）自身建设 ………………………………………… 139

八、中国民主促进会活动纪要 144
　　（一）重要会议及活动 …………………………………… 144
　　（二）履行参政党职能 …………………………………… 150
　　（三）切实加强自身建设 ………………………………… 157

九、中国农工民主党活动纪要 161
　　（一）深入学习贯彻中共中央 2005 年《意见》精神，进一步加强
　　　　 参政党建设 ………………………………………… 161
　　（二）贯彻落实科学发展观，围绕中心，积极履行参政议政
　　　　 职能 ………………………………………………… 167
　　（三）社会服务工作进一步拓展 ………………………… 172

十、中国致公党活动纪要 176
　　（一）重要会议及活动 …………………………………… 176
　　（二）认真履行参政议政职能 …………………………… 180
　　（三）积极开展海外联谊和港澳台工作 ………………… 185
　　（四）社会服务工作卓有成效 …………………………… 187
　　（五）切实加强自身建设 ………………………………… 189
　　（六）致公党组织基本情况 ……………………………… 192

十一、九三学社活动纪要 194
　　（一）重要会议及活动 …………………………………… 194
　　（二）参政议政 …………………………………………… 197
　　（三）社会服务 …………………………………………… 202
　　（四）自身建设 …………………………………………… 206

十二、台湾民主自治同盟活动纪要 209
　　（一）重要会议及活动 ………………………………… 209
　　（二）参政议政 ………………………………………… 211
　　（三）社会服务 ………………………………………… 214
　　（四）自身建设 ………………………………………… 215
　　（五）届中调整 ………………………………………… 215

附录一　国外政党制度研究 217
　　（一）中国共产党与国外政党比较研究 ………………… 217
　　（二）世界政党执政经验研究 …………………………… 219
　　（三）世界政党政治和政党制度发展现状研究 ………… 225
　　（四）国外政党和政党制度功能研究 …………………… 227

附录二　政党制度研究文献目录 229
　　（一）政党制度理论研究部分 …………………………… 229
　　（二）多党合作制度部分 ………………………………… 232
　　（三）执政党建设部分 …………………………………… 240
　　（四）参政党建设部分 …………………………………… 248
　　（五）国外政党研究和比较研究部分 …………………… 252

一、中国特色政党制度研究综述

2005年2月18日,《中共中央关于进一步加强中国共产党领导的多党合作和政治协商制度建设的意见》(以下简称《意见》)的颁布,为中国特色政党制度的研究提供了明确的方向和强大的动力。大家以《意见》精神即"重点是加强多党合作制度建设,实质是推进社会主义政治文明建设,关键是坚持走中国特色政治发展道路"为指导,围绕《意见》对中国特色政党制度理论和政策措施的新发展、中国特色政党制度与社会主义政治文明建设、中国特色政党制度与构建社会主义和谐社会、加强中国特色政党制度建设的路径依赖等问题,进行了广泛深入地研究,取得了丰硕的研究成果。

(一)《意见》对中国特色政党制度理论和政策措施的新发展

中共中央颁发的《中共中央关于进一步加强中国共产党领导的多党合作和政治协商制度建设的意见》,是继1989年12月颁发的

《中共中央关于坚持和完善中国共产党领导的多党合作和政治协商制度的意见》以来，进一步推进多党合作和政治协商制度建设的重大举措。《意见》在认真总结实践经验的基础上，着眼于推进社会主义政治文明建设，提出了许多新的理论观点和政策措施，是新世纪新阶段指导多党合作事业的纲领性文件。《意见》颁布后，在社会上引起了巨大反响，大家从不同角度、不同侧面、不同领域对《意见》中关于多党合作理论的最新成果进行了分析、研究和概括。其中最具代表性的观点认为，《意见》对多党合作的理论和措施的创新主要表现为以下九个方面。

第一，概括了多党合作和政治协商的重要政治准则。《意见》指出，新世纪新阶段我国多党合作和政治协商必须坚持的重要政治准则：坚持以马克思列宁主义、毛泽东思想、邓小平理论和"三个代表"重要思想为指导，坚持中国共产党的领导，坚持社会主义初级阶段的基本路线、基本纲领和基本经验，坚持长期共存、互相监督、肝胆相照、荣辱与共的基本方针，保持宽松稳定、团结和谐的政治环境。中国共产党和各民主党派都必须以宪法为根本活动准则，负有维护宪法尊严、保证宪法实施的职责。

中共中央统战部副部长楼志豪认为，这些重要政治准则，是中国共产党与各民主党派在长期团结合作中形成的政治经验和政治共识，是中国共产党领导的多党合作和政治协商制度保持强大生命力的根本所在，为新世纪新阶段统一战线和多党合作始终沿着正确的方向健康发展，提供了重要的政治基础和政治规范。

第二，鲜明指出我国政党制度的显著特征。《意见》指出，坚持和完善中国共产党领导的多党合作和政治协商制度是建设社会主义政治文明的重要内容，这一制度是同我国国体相适应的政党制度，其显著特征是：共产党领导、多党派合作，共产党执政、多党派参政。

中共中央统战部政策理论研究室主任庄聪生认为：中国共产党领导的多党合作和政治协商制度是我国的一项基本政治制度，是具有中国特色的社会主义政党制度。确立和实行这一制度，是中国社会历史发展的必然选择，是中国共产党和中国人民政治智慧的结晶。在国际国内形势正在发生深刻变化的新世纪新阶段，坚持和完善中国共产党领导的多党合作和政治协商制度，提高广大党员干部多党合作的意识，是党在新世纪新阶段实现执政使命，加强执政能力建设中的一个重大问题。这一政党制度反映了人民当家作主的社会主义民主的本质，体现了我国政治制度的特点和优势，具有巨大的优越性和强大的生命力，必须毫不动摇地加以坚持和完善。

第三，明确发展是多党合作和政治协商的根本任务。《意见》明确提出，发展是中国共产党执政兴国的第一要务，也是各民主党派参政议政的第一要务。多党合作和政治协商要牢牢把握发展这个根本任务，树立和落实科学发展观，紧紧围绕经济建设这个中心，自觉服务于改革发展稳定的大局。

中国民主促进会中央主席许嘉璐认为，多年来他们围绕中心，服务大局，积极建言献策，为改革和发展提出了许多意见和建议。《意见》颁布后，他们要适应多党合作发展的新形势、新标准，强基固本，全面加强思想建设、组织建设和制度建设。要以落实科学发展观和构建和谐社会为着眼点，增强履行参政党职能的使命感和责任感，提高参政议政、民主监督的综合能力，防止出现新的"知识危机"和"本领恐慌"。

第四，政治协商纳入决策程序。《意见》对进一步完善政治协商的内容、形式和程序作出规定。《意见》指出，要把政治协商纳入决策程序，就重大问题在决策前和决策执行中进行协商，是政治协商的重要原则；政治协商的两种基本方式是"中国共产党同各民主党派的政治协商"和"中国共产党在人民政协同各民主党派和各界代表人士的协商"。《意见》还规范了中国共产党同各民主党派、无党派人士协商的内容和程序，使政治协商进一步制度化。

中共中央统战部一局副局长袁廷华认为，将政治协商纳入决策程序，这是比较大的突破，是作为原则写进《意见》的。《意见》规定了协商的议题要提前通知各民主党派和无党派人士，并提供相关材料。这既对中共党委提出了要求，也对民主党派提出了要求。因为民主党派收到议题后需要认真地进行研究，开座谈会或通过其他方式进行调研，以便提出有份量的意见和建议。他觉得对政治协商的一些做法以文件方式规定下来，意味着今后各方面都要按照文件来执行，政治协商不再会因为领导人开明程度和认识高低不同而改变。一句话，人变，而制度不变。

第五，参政议政规定更明确，操作性更强。《意见》明确指出，民主党派参政的基本点是：参加国家政权，参与国家大政方针和国家领导人选的协商，参与国家事务的管理，参与国家方针政策、法律法规的制定和执行。《意见》对如何充分发挥民主党派和无党派人士的参政议政作用作出了更加明确的规定，具有很强的可操作性。

九三学社中央主席韩启德认为，无论是对政治协商的内容、形式、范围、渠道，还是对民主党派参政议政、民主监督的内容，一直到如何加强中国共产党对多党合作和政治协商的领导，《意见》中都有非常具体的规定。在这个文件的指导下，民主党派更加明确了到底要做什么和怎么做。这是一份很好的文件，对民主党派更好地参政议政、发挥作用具有重要的指导意义。

第六，民主监督将越来越"实"。加强民主党派的民主监督，是坚持和完善中国共产党领导的多党合作和政治协商制度的重要内容。

《意见》明确了互相监督的性质,提出这种监督是在坚持四项基本原则的基础上通过提出意见、批评、建议的方式进行的政治监督,是我国社会主义监督体系的重要组成部分。《意见》还明确了民主党派民主监督的内容和形式,并在总结经验的基础上,提出了进一步拓宽民主监督渠道、完善民主监督机制的要求。

中国农工民主党中央宣传部副部长石光树认为,对民主监督作出详细规定,是这份文件比较大的亮点。在1989年的文件中,民主监督的条文是散在其他章节中,而这次是作为一个部分单独写。民主党派的民主监督不是法律监督和舆论监督,是政党之间的政治监督。监督首先要知情,所以文件明确规定党委要在知情、沟通、反馈环节上建立健全制度,及时向民主党派通报重要情况和重大问题。民主监督的内容和形式还在不断探索、完善之中,不能要求一蹴而就。他相信,只要认真贯彻落实文件精神,民主监督的范围一定会越来越大,内容越来越具体,一定会搞得更好。

第七,无党派人士作用获得明确定位。无党派人士是指没有参加任何党派、对社会有积极贡献和一定影响的人士,其主体是知识分子。《意见》进一步明确了无党派人士在多党合作和政治协商中的地位、职能和作用。《意见》指出:要充分发挥无党派人士的自身优势,鼓励和支持无党派人士在参政议政、民主监督中发挥积极作用;要积极稳妥地培养、选拔和安排新一代无党派人士;要建立健全无党派人士工作机制,为无党派人士开展工作创造条件。

全国政协委员、无党派人士叶朗认为,中共中央再一次将无党派人士纳入多党合作、政治协商的框架并给以重要的地位,这是党的文件中第一次明确给予界定。无党派人士人数比较多,有自身的优势,要对肩负的历史责任有新的认识,要积极参加多党合作和政治协商的各项活动,更加自觉、努力地在本职岗位上作出更大的贡献。

第八，干部队伍中将出现更多的党外人士。党外干部是国家干部队伍的重要组成部分。《意见》指出，要进一步加强培养选拔党外干部工作，各级后备干部队伍中应有适当数量的党外干部。要拓宽党外干部的选配领域，充分发挥党外领导干部的作用。除做好人大、政府、政协及司法机关党外干部的选配工作外，高等院校领导班子中一般应有民主党派成员和无党派人士担任领导职务。

全国政协委员、福建省科技厅副厅长林嘉騋认为，总体看，省一级中共党委、政府对多党合作工作重视，对中共中央的有关政策规定贯彻落实较好，而市县等基层则重视程度不一，存在对党外干部选拔任用力度不够、实际运作困难等问题。建议切实加强中共领导干部特别是县级领导干部新时期统战理论的学习，提高他们对多党合作制度重要意义的认识；健全工作机制，推进民主党派干部队伍建设的规范化、制度化，加大民主党派干部到基层兼职、挂职的力度。

第九，民主党派性质表述进一步完善。《意见》完善了对我国民主党派性质的表述，指出在新世纪新阶段，民主党派是各自所联系的一部分社会主义劳动者、社会主义事业建设者和拥护社会主义爱国者的政治联盟，是接受中国共产党领导、同中国共产党通力合作的亲密友党，是进步性与广泛性相统一、致力于中国特色社会主义事业的参政党。

中央社会主义学院副院长甄小英认为，我国的政党制度要长期坚持并充满生机活力，必须适应社会结构的变化，最大限度地增强多党合作制度的包容性，不仅为原有阶层，而且要为社会变革中出现的新社会阶层、新利益群体的政治诉求、利益表达提供畅通的渠道。

中共中央统战部秘书长游洛屏认为，走中国特色的政治发展道路，是我国政党制度坚定不移的发展方向。这是《意见》最基本的观点。只有把握这个基本的观点，才能深刻理解《意见》的精髓。他提出，我们党和人民选择的政治发展道路，是党领导人民经过长期探索和实践而开辟出来的，是一条符合中国特色社会主义事业发展要求的政治发展道路，也是一条充分体现全国各族人民根本意愿和根本利益的政治发展道路。坚持和完善我国的政党制度是中国特色政治发展的重要内容。《意见》对我国政党制度建设作出的规定，充分体现了我们党对中国特色政治发展道路规律性的认识。

（二）中国特色政党制度与社会主义政治文明建设

中国特色政党制度与社会主义政治文明建设是 2005 年中国特色政党制度理论研究的重点和热点，也是发表研究成果最多的课题。专家学者们对这一问题进行了全面深入地探讨，大家一致认为：政治文明包括政治意识文明、政治制度文明和政治行为文明，其中，政治制度文明居于核心地位。中国特色社会主义政党制度作为我国基本政治制度之一，是中国社会主义政治制度的重要组成部分，在社会主义政治文明建设中具有重要的战略地位。中国共产党领导的多党合作和政治协商制度，在设计理念上，深刻地反映了当代政治文明发展的规律和必然趋势，具体体现了现代政治文明的基本特征和内涵。坚持和完善中国特色政党制度，可以有力地推动社会主义政治文明建设；社会主义政治文明建设，也将促进中国特色社会主义政党制度的不断完善。

1. 中国特色政党制度是政治文明发展的重大成果。

学者们普遍认为，政党制度是现代政治文明的重要标志。中国特色的政党制度是马克思主义统一战线理论和政党理论与中国革命和建设的具体实践相结合的产物，是中国社会政治文明发展进步的必然结果。

大多数学者在阐述这一问题时，主要以中国特色政党制度的历史必然性和现实合理性为论据，认为中国共产党领导的多党合作和政治协商制度孕育于民主革命时期，是中国共产党和各民主党派团结合作、并肩战斗的结果，也是中国历史发展经历多党制尝试和一党制失败后的客观必然选择。中国共产党领导的多党合作和政治协商制度经过五十多年特别是改革开放二十多年来的发展和完善，在我国政治生活和民主政治建设中发挥着越来越重要的作用，为社会主义政治文明建设注入了新的活力，是中国社会政治文明发展进步的体现。也有一些学者从理论上对这一问题进行了深入探讨。如闫东在《中国政党制度形成的政治文化分析》（《社会科学》2005.08）一文中对此进行了全面的阐述。他认为，中国政党制度的形成是传统政治文化、资本主义政治文化与社会主义政治文化相互影响、相互作用的结果。当时中国是一个半殖民地半封建社会，处在不完整的政治文化时期，各种政治亚文化并存，需要一种强大的政党制度来整合它们，中国政党制度的形成反映了这种需求。

2. 坚持和完善中国特色政党制度是建设社会主义政治文明的重要内容。

第一，政治制度文明是政治文明的核心，我国是人民民主专政的社会主义国家，与这种国体相适应的政权组织是人民代表大会制度，同这种国体相适应的政党制度是中国共产党领导的多党合作和政治协商制度。多党合作制度是体现我国国体即体现我国政治文明性质的基本政治制度和政党制度,因此,坚持和完善我国政党制度是政治文明建设的重要内容。第二,政治文明建设的重要内容是推进社会主义民主,而社会主义民主是分层次的,包括国家民主、政党民主(党内民主和党际民主)、社会民主。从政党民主层面讲,多党合作和政治协商制度是党际民主的制度化形式,是政治文明建设的重要组成部分。从国家层面和社会层面的民主看,由于政党是民众参与政治的工具,是民众政治参与的组织化形式,实行现代民主政治的国家,民众的政治诉求、政治参与、对国家公共权力的影响和控制以及对现行政治状况变革的要求,往往都是通过政党实现的。政党一头连着国家公共权力,一头连着民众,因此,政党制度健全和完善的程度,既关系国家民主的实现程度,又关系社会民主的实现程度。加强共产党领导的多党合作和政治协商制度建设,无论对发展政党民主(包括党内民主和党际民主),还是对发展国家民主和社会民主,都具有十分重要的意义。

3. 社会主义政治文明为中国特色政党制度提出了新的要求。

社会主义政治文明建设目标的提出,表明党和国家在总体发展思路上的新发展,同时也对包括多党合作在内的各方面提出了新的更高的要求。其中最主要的内容,就是十六大报告所提出的,要把坚持党的领导、人民当家作主和依法治国有机地结合起来。这一根本要求对多党合作具有很强的针对性和指导性。具体地说,其一,坚持党的领导是社会主义政治文明发展的根本保证,也是我国多党合作的前提和基础。其二,依法治国是党领导人民治理国家的基本方略,也是加强和改善多党合作机制的重要依据。其三,人民当家作主是社会主义政治文明的本质要求,也是多党合作的价值取向。

解永强在《社会主义政治文明与我国多党合作制度建设》(《中国特色政党制度与政治文明建设》,中央社会主义学院政党制度研究中心编)

一文中认为，社会主义政治文明为多党合作制度建设提出了新的目标，即政党决策科学化、政党关系民主化、政党权力监督化、政治参与有序化、政党主张公开化、政党行为法制化。

4. 中国特色政党制度在建设社会主义政治文明中的重要作用。

中国特色的政党制度作为我国一项基本政治制度，在社会主义政治文明建设过程中将发挥越来越重要的作用。其一，我国政党制度通过加强制度建设，提高制度化水平，有力推动了政治现代化。随着我国政党制度的逐步完善，公民参与政治的渠道越来越丰富和规范，政治体制运作的程序性逐步加强，中国共产党政治地位的合法性认同不断增强，而这正是政治现代化的表征。同时，公民参与政治的广度和深度也不断增强。通过我国政党制度提供的多样性渠道，社会各阶层公民理性地参与政治，形成有序的政治参与格局。其二，我国政党制度推进了政治社会化。我国政党制度在为公民提供政治参与的机会的同时，也塑造了公民的政治文化认同感、增强了公民政治参与的效能感和提高了公民的现代民主价值观念。其三，我国政党制度推进了政治民主化。我国政党制度反映了社会主义民主的本质特征，体现了人民当家作主的愿望，对于推进政治民主化意义重大。

张爱军在《当代中国政党制度对政治文明的贡献》(《辽宁师范大学学报》2005.05)一文中认为，中国共产党领导的多党合作制度是世界政党制度中的崭新类型。它对政治文明的贡献主要表现为：其一，当代中国政党制度对于扩大社会主义民主，促进政治民主化作出了贡献。其二，当代中国政党制度对于减少腐败，促进政治清廉化做出了贡献。其三，当代中国政党制度对于探求理想政治秩序，促进政治法治化作出了贡献。

5. 关于社会主义政治文明中的政党关系文明。

石作斌在《当代中国政党制度下的政党关系文明》（人大复印资料《中国政治》2005.03）一文中，阐述了中国特色政党制度中政党关系文明。他认为，政党关系文明就是指一定政党制度下作为政党政治行为主体的各个党派之间尤其是执政党与非执政党之间相互关系的和谐性、稳定性和有序性，它标志一种政党制度的成熟程度，反映一个国家政治的进步状态，对于国家政局的稳定、经济社会的发展，都有着极其重要的影响。现实的政党关系文明既依靠政党制度安排，更需要政党实践建构。现代世界政党关系文明的主要表征是：以广泛的政党理念认同为基础，以强大的政党力量主导为支撑，以规范的政党体制运作为动力。当代中国政党制度下的政党关系集中体现为中国共产党与各民主党派之间的关系，政治关系中的领导与被领导关系，政权关系中的执政与参政关系，政党关系中的亲密友党关系等多重化党际关系的特点。因此，推进我国政党关系文明建设，必须正确认识和处理领导与被领导、执政与参政、合作与监督之间的关系，进一步改善共产党对各民主党派的政治领导，发挥各民主党派参政议政的重要作用，完善民主党派民主监督的运作机制。

6. 从政治文明演进的一般走向看我国政党制度的特点、优势和现实合理性。

有的学者指出，总体上来说，政治文明的发展使得人类的政治生活越来越平和、越来越合理、越来越能够有效地解决人类的矛盾和冲突，从而也越来越有利于良好社会风尚的形成。人类文明的走向有以下特征：从暴力政治走向协商政治，从权力政治走向权利政治，从无序政治走向有序政治，从垂直政治走向平面政治。我国的多党合作和政治协商制度是向着协商政治发展，符合人类政治文明发展走向。

有的学者从民主政治分类的角度，论述了坚持和完善我国多党合作制度的必要性和紧迫性。从民主程序的价值偏好上看，民主政治可分为非竞争性民主、竞争性民主和协商性民主。非竞争性民主以可控的和低度的社会分化为基础，竞争性民主与协商性民主都以社会的多元分化为基础。改革开放前，在高度集权的计划经济下，中国的社会分化程度较低，民主政治的整体运行是非竞争性的。随着改革开放的深入和社会主义市场经济体制的确立，社会结构发生了多元分化，新的社会阶层和组织群体不断涌现。社会结构的多元分化使非竞争性民主政治的社会基础和体制资源开始削弱，相反，支撑竞争性民主或协商性民主的社会基础与体制资源则日益增长。实践证明，中国的历史和现状，以及传统文化等决定了西方的那种以两党制、多党制和议会制为基本形式的竞争性民主不适合中国国情，因此，中国民主政治建设中民主程序的价值选择，很自然地趋向协商性民主。基于民主程序的协商性价值偏好和由此产生的协商性运作及其发展的民主政治，就是协商性政治。协商政治在很大程度上超越了民主政治在多元社会运行所面临的多元竞争格局，强调以协商、合作替代竞争、冲突。这种替代，是克服以大众民主为形式、以党派利益为本质取向的多元竞争民主出发的，主张多元利益的表达、整合和实现，必须以追求公共利益最大化的协商为基础。与多元竞争民主相比，它不仅关注选举的公平性，而且关注选举的公正性。也就是说协商政治对现代民主政治中竞争性因素的容纳，不是从直接肯定多元社会的多元利益出发，而是从多元利益格局下最大限度地保障和实现社会公共利益出发，其形式将有效的协商运作过程与竞争性的民主选举有机结合，从而既保持政治的稳定性和协调性，又保持政治参与的多样性和政治生活的生机活力。

有的学者提出，中国特色政党制度的特点体现了核心一元性和结构多元性的统一，能够保证它一方面不断扩大政治参与以实现现代化对于强化政治结构的要求，充分考虑并保证各阶层、各群体和各政党的利益诉求和对国家政治生活的参与；另一方面又能有效地保证中国共产党的核心地位、政治威望和对国家的有效治理，从而使得政党制度产生了较强的向心力和聚合力，形成统一的意志。因此，中国特色政党制度既可避免多党制各政党政治主张的差异可能造成的政治不稳定，又可避免了一党制无视社会多元化利益需求，脱离社会现实的弊端，实现了政策选择的互动优势，使国家各项公共政策的输出更能反映社会的要求，也使得政党制度所依存的政治体系本身更具实践性和科学性。也有学者指出，从理论上我国政党制度应当具有能够克服西方多党制和一些国家一党制的弊端的优势，但前提是能否把这一政党制度坚持好、完善好，特别是使民主党派的作用真正发挥出来。

（三）中国特色政党制度与构建社会主义和谐社会

中国特色政党制度与构建社会主义和谐社会是 2005 年中国特色政党制度理论研究的又一个重点课题。通过研究，专家学者们普遍认为，中国特色政党制度是构建社会主义和谐社会的重要政治保障；中国特色政党制度在构建社会主义和谐社会中有着独特的优势；坚持和完善中国特色政党制度，有利于促进社会主义和谐社会的构建。

1. 中国特色政党制度是构建社会主义和谐社会的重要政治保障。

大家普遍认为，中国共产党领导的多党合作与政治协商制度是中国基本政治制度之一，它与人民代表大会制度、民族区域自治制度一起构成了我国政治制度的基本框架，体现了我国的性质和发展方向，规定了党和国家组织与活动的基本原则，为构建社会主义和谐社会的提供了可靠的政治保障。

廖继红在《中国政党制度与构建社会主义和谐社会》(《中国特色政党制度与政治文明建设》，中央社会主义学院政党制度研究中心编）一文中提出这种政治保障主要表现在如下三个方面：其一，中国特色政党制度构建了和而不同、资源兼容的政治资源体系，为构建社会主义和谐社会提供了强有力的资源保障；其二，中国特色政党制度规范了政党行为，为构建社会主义和谐社会政治运行提供了基本的制度保障；其三，中国特色政党制度促进了国家政治运筹得当，为构建社会主义和谐社会提供了稳定的社会环境。

王彩玲在《论中国政党制度建设的价值取向》(《中央社会主义学院学报》2005.05）一文中提出，《中共中央关于进一步加强中国共产党领导的多党合作和政治协商制度建设的意见》表明，中国政党制度建设的重点是将合作型政党制度基本框架制度化，为民主党派和无党派人士的民主权利提供制度保障，为参政党履行职能提供科学合理的程序，规范和改善中国共产党对统一战线的领导等方面。这就从制度建设、政治理念、政治程序和政治行为等不同层面诠释了我国政党制度建设新的价值取向：推进社会主义政治文明建设，为构建和谐社会提供政治制度保障。

覃好君在《多党合作的政治制度：构建和谐社会的政治保障》(《云南省社会主义学院学报》2005.04）一文中提出多党合作制度从政党政治的基本格局和运行机制层面，从推进民主政治、构建政治和谐和优化政治生态层面，从构建政党与国家权力的基本法理关系层面，为和谐社会的构建提供了政治保障。

2. 中国特色政党制度在构建和谐社会中的独特优势。

中国共产党领导的多党合作和政治协商制度，是一种新型的政党制度,具有巨大的优越性和强大的生命力,在构建社会主义和谐社会中具有独特的优势,能够发挥不可替代的作用。

曹绪飞在《论我国政党制度在构建社会主义和谐社会中的优势》(人大复印资料《中国政治》2005.08)一文中提出,中国政党制度的政治优势主要表现为如下几个方面:其一,强调共存,具有组织的包容性。其二,强调合作,具有目标的一致性。其三,强调民主,具有广泛的代表性。其四,强调监督,具有地位的平等性。其五,强调协商,具有决策的科学性。这些政治优势的总体特征就是和谐性,包括政党关系的和谐性,以及由此带来的政治关系的和谐性。政党制度和谐性的政治优势,必将促进和谐社会的构建。

刘蓉宝在《关于构建和谐社会与建设中国特色政党制度的思考》(《中国特色政党制度与政治文明建设》,中央社会主义学院政党制度研究中心编)一文中提出,中国特色政党制度所具有的政治领导功能、社会整合功能和监督功能,决定其能在构建社会主义和谐社会伟大事业中发挥不可替代的作用。中国共产党领导,各民主党派参政,多党合作,政治协商,是发扬社会主义民主的有效形式,能为构建社会主义和谐社会奠定坚定的政治基础;多党合作是实现广泛团结、广聚人心、广聚众力的重要途经,能为构建社会主义和谐社会提供较大的力量源泉;多党合作是协调各党派各方面人士关系的重要环节,能有效消除各种不稳定的因素,为构建社会主义和谐社会营造安定团结的政治局面;各民主党派联系着不同的群众,代表各自群体的利益,并反映其意见要求,能把复杂多样的社会现实客观准确全面地反映出来,多党合作是体察民情、反映民意、密切党群关系的重要渠道,能为构建社会主义和谐社会奠定可靠的群众基础。

有的学者认为,在现代民主政治条件下,政党政治是在国家层面、社会层面两个层面上展开的。在国家层面,执政党可以依据社会主义和谐社会的意识形态和价值观念提出有关社会发展总方向或基本的政策主张,确保政权在构建社会主义和谐社会的政治目标下巩固与发展;在社会层面,政党可以集聚和表达民众利益,处理好各种政治关系,争取各方面利益的满足和政局稳定。民主党派在构建和谐社会中也是可以大有可为的。各民主党派通过参政议政、民主监督促进提高决策的科学化和民主化,从民主法治建设方面保障社会的和谐;通过为经济建设服务,献计出力,从物质基础方面为促进经济社会的和谐发展服务;通过开展支边扶贫,捐款济困,开展义诊,扶助弱势群体,为构建不同社会阶层间的和谐服务;通过开展法律讲座、无偿提供法律援助和心理咨询,从精神上、观念上为培育社会的和谐服务;通过协调关系、化解矛盾平息冲突,从环境上为维护社会的和谐服务。

有的学者提出,构建和谐社会的关键在于利益整合。政党是利益整合的工具,利益表达和整合是政党的基本功能之一。构建社会主义和谐社会,要求执政党建立健全以利益调节为核心的公正的社会整合机制,建立健全规范的社会协商和对话机制,引导各个社会利益群体理性、合法、有序地表达自己的利益诉求,妥善处理好各方面的利益关系、利益矛盾。我国的多党合作的政党制度,其制度设计本身就具有强大的利益整合功能。

3. 坚持和完善中国特色的政党制度,促进社会主义和谐社会的构建。

中国特色政党制度在构建社会主义和谐社会中的巨大优势还没有充分发挥出来,要进一步发挥中国特色政党制度在构建社会主义和谐社会的重要作用,必须不断完善中国特色的政党制度,充分发挥政党制度的功能。同时,大力加强执政党和参政党建设,努力提高中国共产党的领导能力和执政能力,不断提高民主党派的政治把握能力、参政议政能力、合作共事能力和组织领导能力。

有的学者提出,政党建设是政党制度发展的基本保证。作为执政党的共产党和作为参政党的各民主党派是中国政治体系的主体,构建社会主义和谐社会,必须加强政党建设,坚持执政党建设和参政党建设互相促进。执政党要加强执政能力建设和先进性建设,不断提高执政能力,巩固执政地位,履行执政使命。参政党建设是指各民主党派要按照各自章程规定的参政党建设的目标和原则,全面加强思想建设、组织建设和制度建设,不断提高政治把握能力、参政议政能力、合作共事能力和组织领导能力。执政党建设和参政党建设是一种交互作用、互相促进的关系。构建社会主义和谐社会,巩固和发展多党合作事业,不仅取决于中国共产党的领导水平和执政水平,也取决于民主党派的自身建设。由于共产党处于领导地位,在搞好中国政党建设方面负有更多的责任。

有的学者提出,随着社会经济的发展,民众民主意识的提高,民众要求在政治决策中发挥作用,要求社会更加公平,要求实现自身的政治利益诉求,不可避免会导致政治参与的扩大化。政治参与会导致各种政治利益的冲突甚至对抗,容易造成政局的动荡,但如果因此压制政治参与,同样会影响到政局的稳定。因此,政党制度要拓展政治参与的渠道,以促进社会和谐。

有的学者提出,构建和谐社会亟待发掘、完善多党合作的利益整合功能。其一,充分挖掘、发挥执政党的利益整合优势。其二,密切政党同阶层、群体的联系。其三,要加强公共权力运作的规范化、制度化,坚决、有效地遏制腐败现象的滋生、蔓延。其四,要扩大多党合作的边界和张力区,最大限度地增强多党合作的包容性。

一些学者提出,促进社会和谐,必须优化党际关系。金安平在《和谐社会中的党派关系——构建中国特色社会主义和谐的党派关系的几个问题》(《新视野》2005.06) 中提出，政治关系是人类社会中重要的基本关系之一。构建和谐社会最根本的是构建和谐的政治关系，这是和谐社会一切社会关系的制约和保障。在政治关系所涉及的各种关系中，当代中国党派关系作为最具中国特色的政治关系之一，中国政党关系还有许多方面需要按照构建和谐的政党关系的目标进行调整。其主要观点为：和谐的党际关系是中国特色政党制度的内在要求；和谐的党际关系能为各党派的发展提供动力；和谐的党际关系不仅仅是党派的长期共存，还要各党派和谐共存，和谐发展；和谐的党际关系将会降低执政党的执政成本，增加执政效率；和谐的党际关系还需要明晰的制度保证。

张卫江在《坚持中国特色社会主义政党制度构建更加和谐的政党关系》(《中国特色政党制度与政治文明建设》，中央社会主义学院政党制度研究中心编) 一文中提出，和谐的社会需要和谐的政党，和谐政党需要由和谐的政党制度确立的和谐的政党关系来调整。中国的政党制度从本质上说，是促进经济发展、政治稳定、社会和谐的政党制度，为制度主体间的和谐关系提供了制度的保证。其基本逻辑是：中国国体的性质决定了中国政治格局的走向，并且确立了与中国国情相适应的和谐的当代中国政党制度，和谐政党制度的确立，又为政党主体——中国共产党和各民主党派之间的和谐提供了制度化的保障。当然，和谐社会的构建要求把和谐的政党关系不断推向新的阶段。其一，和谐的政党关系需要进一步强化和谐的政治理念。其二，和谐的政党关系需要进一步创造和谐的政治环境。其三，和谐的政党关系需要进一步坚持执政党建设与参政党建设互相促进的原则。

（四）中国特色政党制度建设的路径依赖

关于中国特色政党制度价值和功能的实现路径，学者们着重研究了以下几个问题：一是健全和完善我国多党合作的运行机制；二是强化民主监督职能；三是逐步推进政党制度的法制化；四是吸收人类创造的政治文明的有益成果，但决不能照抄、照搬别国的政治制度模式。

1. 健全和完善中国特色政党制度的运行机制。

任何政治制度价值和功能的实现都有赖于良好的制度设计和良性的运行机制。中国特色政党制度作为我国的基本政治制度，其能否稳定、有序和高效运作，最大限度地发挥其政治功能，与其是否具有科学合理的运行机制密切相关。因此，在新世纪新阶段，要进一步增强中国共产党领导的多党合作和政治协商制度的生机与活力，充分发挥我国政治制度和政党制度的特点与优势，一个基本要求就是要进一步健全和完善我国多党合作的运行机制。

张献生在《健全和完善我国多党合作的运行机制》（《中央社会主义学院学报》2005.04）一文中提出，我国多党合作的运行机制的两条基本轨道，一条是在党与党之间进行，一条是在国家政权机关中国共产党的干部与民主党派成员之间进行。政党间的合作与政党在政权中的合作相辅相成，同步进行。这是我国多党合作运行机制的基本方式和特点，也构成了对其健全和完善的基础。健全和完善我国多党合作运行机制的基本思路有以下几个方面：其一，要从充分发挥我国政党制度的政治功能着眼，健全和完善多党合作的专项机制。如协商机制、监督机制、参政机制、参政党建设机制、党外干部培养选拔使用机制等。其二，要从稳定发挥我国政党制度的作用着眼，健全和完善多党合作的保障机制。一是法律保障机制,二是制度保障机制,三是政策保障机制。其三,要从有序发挥我国政党制度的整体效能着眼,健全和完善多党合作的工作机制。切实做到设置合理、程序科学、系统协调、运行顺畅、衔接紧凑、有序高效。以此推动多党合作和政治协商的制度化、规范化、程序化,把我国政治制度和政党制度的特点和优势充分发挥出来。

吕忠梅在《论多党合作制度建设中的程序先行——关于多党合作制度化、规范化、程序化的新思考》(《理论月刊》2005.09)一文中,针对目前普遍存在的"重程序,轻实体"现象,提出了多党合作制度建设应确立"实体与程序协同发展,程序先行"的原则。她认为,从多党合作制度角度看,实体意义上的多党合作制度主要规定其目标与价值,而程序意义上的多党合作制度主要是规定实现多党合作的步骤与进程。多党合作中的实体理性与程序理性是辨证统一的关系,一方面,程序是多党合作制度的有机组成部分,它受到多党合作制度发展进程的制约;另一方面,程序又具有自身的独立性与能动性,程序与实体并非完全同步发展,程序作为多党合作制度建设的切入点,可以具有一定的超前性,对于我国的政治文明建设将产生强烈的推动作用。因此,多党合作制度建设应提倡程序先行。

何建津、代吉成在《协商政治与中国多党合作制度的规范化建设》(《福建省社会主义学院学报》2005.04)一文中提出,协商政治是当代世界政治文明发展的一种崭新范式。中国的政治协商制度具备了协商政治的基本特征,但还不能算作现代意义上的协商政治。从协商政治的视角审视,中国共产党领导的多党合作制度的规范化建设与时代发展的要求还有不适应的地方,中国多党合作制度建设应以协商政治发展的要求,从功能性的政治协商走向制度化的政治协商,进一步推进规范化建设。

有的学者对我国政党制度的法制化问题作了研究。如：肖太福的《通过法制化道路坚持和发展中国共产党领导的多党合作和政治协商制度》(《党史文苑》学术版 2006.02)、李尚旗的《中国政党制度的宪法化分析》(《甘肃农业》2005 年 11 期)、姚建华、俞德鹏的《中国政党制度法制化问题探讨》(《中国特色政党制度与政治文明建设》，中央社会主义学院政党制度研究中心编)、周伟《西方政党的法制内涵及其对中国政党制度的启示》(人大复印资料《政治学》2005.04)。

2. 强化民主监督职能。

一些学者认为，民主监督是民主党派的基本职能之一，由于受各种因素的影响，民主监督发挥的不是很理想，要民主党派监督执政党，在实际上很难操作。《中共中央关于坚持和完善中国共产党领导的多党合作和政治协商制度的意见》第一次对民主党派的民主监督从基本方针、基本职能、政治基础、监督性质、监督内容到实施形式，作出了全面的系统的阐述，对民主党派更好地履行民主监督职能，起到了重要的促进作用。进入新世纪，随着我国社会主义民主政治建设的不断推进和多党合作事业的发展，中共中央又提出了加强民主监督的一系列新举措，同时，也对民主监督提出了更高的要求。民主党派要适应新形势、新任务的要求，切实发挥民主监督作用，就要进一步提高对民主监督的认识，把握民主监督的正确方向，完善民主监督的工作机制，不断提高民主监督能力和水平。

3. 吸收人类创造的政治文明的有益成果，但决不能照抄、照搬别国的政治制度模式。

《意见》指出"坚持和完善我国的政党制度，要借鉴人类政治文明的有益成果，但绝不能照抄照搬别国的政治制度模式。"社会主义是高于资本主义的社会形态，而社会主义之所以能在各方面优于资本主义，恰恰在于社会主义继承了人类文明发展的一切优秀成果，包括资本主义文明优秀成果中的政治文明。我们过去对于资产阶级政治民主,曾有过简单的全盘否定的不良倾向,其实,资产阶级政治民主对于像中国这样的反封建极不彻底的国家来说,许多方面是可以学习和借鉴的。如法治思想、选举技术、分权制衡理念等。这些政治文明成果,是人类共同的文明财富,资本主义能采用,社会主义也完全可以利用。

朱兆华在《西方政党制度的基本特征及其启示》(人大复印资料《政治学》2005.05)一文中认为,西方政党制度的基本特征主要有以下几个方面:一是在党民关系方面,基本价值取向是致力于发展民主;二是在党际关系方面,权力监督机制有效地防止了权力的异化;三是在党政关系方面,厘清了政党与公共权力之间的法理关系。这些特征在许多方面为我们完善和发展当代中国政党制度提供了有益的借鉴。

周国平在《我国政党制度安全:挑战及对策》(《江南社会学院学报》2005.06)一文中提出,政党制度安全,就是指在特定的政党政治框架中,一国政党制度在存在危险或受到内外执政风险影响下仍能保持政党制度的巩固。在新的国际国内形势下,我国政党制度面临着前所未有的挑战:我国成为国际敌对势力"西化"的主要目标;苏联模式政党制度彻底瓦解,多党制在世界范围内不断扩展;信息传播全球化网络化,思想舆论环境日趋复杂;我国社会阶级阶层结构深刻变化,出现了多样化发展的趋势。面对压力和挑战,我们必须坚持中国共产党领导的多党合作制度不动摇;重新审视和定位中国共产党特别是各民主党派的代表性;提高政治协商制度的制度化水平;推进政治协商具体工作的规范化和制度化;大胆借鉴世界各国政党和政党制度建设的有益成果。

(孙 信 杨绪盟)

二、执政党研究综述

2005年,国内学术界对执政党的研究,主要集中在三个方面:一是结合中共十六届四中全会通过的《中共中央关于加强党的执政能力建设的决定》,对党的执政能力建设研究的范围、内容进一步拓宽和加深;二是结合本年度正在开展的以实践"三个代表"重要思想为主要内容的保持共产党员先进性教育活动,对党的先进性和先进性建设从理论上作了进一步研究;三是进一步突出了党的执政理论和执政理论建设的研究。此外,在执政党的思想建设、组织建设、作风建设和制度建设方面,在已有研究的基础上,取得了许多有价值的学术成果。纵观2005年执政党的研究,大体呈现出三个特点:一是理论研究紧密结合党的重大活动,针对现实中的问题力图从理论上予以阐述,如党的执政能力建设和先进性建设的研究。二是根据中国共产党从"革命党"向"执政党"的重大转变,着重对党的执政理论进行了更加深入而系统的探讨。三是在党的思想、组织、作风和制度建设研究中,对党的制度建设关注度最多,提出了"执政信用"、"执政成效"、"执政安全"、"执政文明"、"执政变革"

等概念，进一步拓展了执政党研究的视野。

（一）党的执政能力建设

中共十六大报告提出加强党的执政能力建设，提出了党的执政能力的五个方面，即科学判断形势的能力、驾驭市场经济的能力、应对复杂局面的能力、依法执政的能力和总揽全局的能力。此后两年时间里，学术界结合十六大精神，对党的执政能力和执政能力建设进行了广泛研究。2004年9月召开的中共十六届四中全会，就十六大提出的党的执政能力问题专门作出了《中共中央关于加强党的执政能力建设的决定》。《决定》着重分析了加强党的执政能力建设的重要性和紧迫性，深刻总结了55年来党执政的主要经验，提出了加强党的执政能力建设的指导思想、总体目标和主要任务，全面阐述党的执政能力的主要内容。《决定》将十六大关于党的执政能力的内容作了进一步的延伸和拓宽，包括驾驭社会主义市场经济的能力、发展社会主义民主政治的能力、建设社会主义先进文化的能力、构建社会主义和谐社会的能力、应对国际局势和处理国际事务的能力。对照十六大和十六届四中全会对党的执政能力内容的概括，可以看出，十六大提出的五种能力，主要地是指党的领导干部所具有的能力，而十六届四中全会概括的五种能力，不仅指党员领导干部的能力，而且主要是指党的整体治国理政的能力。

十六届四中全会后，全党上下尤其理论界，对党的执政能力建设开始了多角度广范围的研究。这种研究主要涵盖：党的执政能力建设在党的建设中的地位和作用、党的执政能力各构成要素的论证分析、加强党的执政能力建设的基本精神、加强党的执政能力建设的途径、方式和措施等。这些研究内容，较之以前对执政能力的研究，力度更大，分析更加深入。

1. 党的执政能力建设在党的建设中的地位和作用。

学者们主要从党的执政能力建设的理论意义和它在党的建设中所占的分量进行分析。认为党的执政能力建设是过去的党建理论、执政党建设理论中没有过的新概念、新思想。这一概念的提出，使执政党建设理论进一步形成一个比较全面的理论体系，深化了对共产党执政规律的认识，是对马克思主义执政党建设理论的重大发展。（石钟泉：《执政党建设理论的重大发展》，《湖湘论坛》2005年第1期。）因此，加强执政能力建设，是党的建设的一项根本建设，是党的建设的重中之重。抓住它，就能牵一发而动全身，带动党的各方面建设，带动国家政权建设，进而带动整个社会主义现代化建设。（赵曜：《执政能力：党的建设重中之重》，《中国教育报》2005年7月26日。）

2. 加强党的执政能力建设的基本精神。

学者们认为，加强党的执政能力建设，最根本的是要坚持正确的指导思想和总体目标，着重点是要明确和掌握提高执政能力的基本任务和基本内容，实质是要解决为谁掌权、依靠谁掌权和如何掌权的问题，核心是提高共产党执政为人民和依靠人民执政的能力问题，以及如何进行科学执政、民主执政和依法执政的问题，其根本措施就是全面推进党的建设新的伟大工程。（张蔚萍：《新形势下加强党的执政能力建设的基本精神》，《江南社会学院学报》2005年第2期。）

3. 加强党的执政能力建设的途径、方法、措施。

学术界对这个问题关注度最高，从很多方面进行了阐述。绝大部分学者认为，加强党的执政能力建设的重点，是党的制度、体制机制建设。因为，把党作为一个整体，其执政能力不同于党员和党的干部个体的执政能力。研究党的整体的执政能力，就是要研究这个整体的各个部分和各个要素如何配置、如何组合更有机、更科学的问题,这种配置和组合,就是党的体制和机制建设。因此,在党的执政能力建设中,关键是党的领导体制和工作机制的建设。(王长江:《中国政治文明视野下的党的执政能力建设》,上海人民出版社 2005 年 6 月出版。) 可以说,党的制度建设在党的执政能力建设中具有导向性作用、保障作用、规范和制约作用、预期性作用,党的制度建设的水平与党的执政能力建设的水平是正比例关系。因此,提高党的执政能力和执政水平,必须不断加强党的制度建设。(高新民:《加强党的制度建设,提高党的执政能力》,《前线》2005 年第 7 期。)

在这个基础上,有的学者提出,要构建党执政的运作机制来提高党的执政能力。这一机制包括党的执政能力评估机制、执政能力培育机制、执政能力弥补机制及执政能力监督机制等。(朱联平:《中国共产党执政能力建设运作机制的构建》,《学术论坛》2005 年第 3 期。) 有学者提出,要通过实现执政方式的科学化来提高执政能力。这种科学化的执政方式要坚持科学执政、民主执政、依法执政三原则,要迅速建立社会舆情汇集和分析机制、畅通社情民意反映渠道等,重点解决好党政分开和权力监督问题。(宋协娜:《党的执政能力建设的着力点:执政方式科学化》,《重庆社会科学》2005 年第 2 期。) 也有学者认为,必须努力构筑一个更加科学合理的选人用人机制来提高党的执政能力,这种机制具体包括优胜劣汰的竞争型选人用人机制、群众广泛参与的开放型选人用人机制、有效问责的监督型选人用人机制和有利于提高党的执政能力的育人型选人用人机制。(赖宏:《党的执政能力建设与改革选人用人机制探析》,《石河子大学学报》2005 年第 2 期。) 还有学者提出,要以中国式的党政关系规范化带动党的执政能力提升,实现这一党政关系规范化的途径是:更好地发挥人大的作用,尽可能采取现代社会政治权力结构组织的一般性做法,加强党政关系的法制化建设,以加强党内民主推动党政关系规范化。(朱光磊、周振超:

《"党政关系规范化"与党的执政能力建设》,《中国党政干部论坛》2005 年第 1 期。)

此外,有学者从党的意识形态工作入手,认为加强党的执政能力建设,需要强化党的意识形态工作,因为意识形态工作是党的执政能力建设的重要组成部分。加强党的执政能力建设,必须强化意识形态工作,包括遵循意识形态工作的规律,在内容上创新意识形态,加强意识形态工作手段及载体建设,加强意识形态工作队伍建设,抓好网上意识形态工作建设等。(戴焰军、李英田:《党的执政能力建设与意识形态工作》,党建读物出版社 2005 年 6 月出版。)有的学者从党的组织结构分析,认为要提高党的执政能力,必须保持党组织结构的协调一致。因为中国共产党组织结构是一个纵向到底、横向到边的体系,纵向之间是一种上下级隶属关系,横向之间是一种平行并列关系。这种组织结构既有优势也有劣势,像一把双刃剑,直接影响着领导干部的执政能力。要保证领导干部执政能力的实现和提升,就必须保持中国共产党组织结构的协调一致、高效有序。(尹杰钦、杨长林:《从中国共产党组织结构视角解读领导干部执政能力》,《当代世界与社会主义》2005 年第 6 期。)还有学者从党的先进性建设的角度出发,认为党的执政能力是党的先进性的现实体现,党的先进性是提高党的执政能力的基础和前提,抓住了先进性建设,就抓住了党的建设的根本,就抓住了加强党的执政能力、巩固党的执政地位的关键。(闵维方:《保持共产党员先进性,加强党的执政能力建设》,《北京大学学报》2005 年第 4 期。)有的学者提出,要从其他执政党身上吸收和借鉴一些有益的执政经验:吸收和借鉴其他政党发展市场经济的有益经验、依法治国的有益经验、协调社会利益关系的有益经验、降低执政成本的有益经验,来不断提高我们党驾驭社会主义市场经济的能力、依法执政水平、构建社会主义和谐社会能力和提高党的执政效益。

(季明:《吸收借鉴其他执政党的有益经验,不断提高我们党的执政能力》,《北京人民警察学院学报》2005 年第 4 期。)

(二) 党的先进性建设

党的十六大提出要在全党开展以实践"三个代表"重要思想为主要内容的保持共产党员先进性教育活动。为落实十六大精神,中共中央决定,从 2005 年 1 月开始,用一年半的时间,分三批在全党开展以实践"三个代表"重要思想为主要内容的保持共产党员先进性教育活动。围绕这一实践活动,理论界对党的先进性教育、党的先进性建设等重大问题进行了深入研究。

1. 共产党员的先进性问题。

共产党员的先进性与党的先进性紧密相连,党员的先进性是党的先进性本质的基础,是党的先进性结合党员特点的具体体现和具体实践。离开了党员的先进性,党的整体的先进性就是一句空话。另一方面,党员个体的先进性,又取决于党的整体的先进性。没有党的先进性本质要求,难以培养教育出具有先进性的党员。党的先进性决定和要求共产党员始终保持先进性。学者们对新时期共产党员的先进性的基本要求以及如何保持党员先进性等问题作了阐述。

有学者系统考察了中国共产党在保持党员先进性的历史后认为,党在保持共产党员先进性方面积累了许多宝贵的经验。其中最重要的是:一是保持先进性要始终与党的路线纲领相联系,二是保持先进性要始终坚持与时俱进的精神,三是保持先进性要着重抓好制度和机制的建设,四是保持先进性要坚持从思想上建党的原则,五是保持先进性要把经常性教育与适当的集中教育结合起来,六是保持先进性要善于继承、运用和发展中华民族的优良传统。(李忠杰:《中国共产党先进性建设的历史进程和主要经验》,《中国党政干部论坛》2005年第7期。）

有学者认为新时期共产党员先进性的基本要求在于：一是从体现党的先进性理论标准上衡量和把握，二是从体现党的先进性纲领标准上衡量和把握，三是从体现党的先进性实践标准上衡量和把握，四是从体现党的先进性党员标准上衡量和把握，五是从保证党的先进性具体体现上衡量和把握。（刘崇民：《论共产党员先进性的基本要求》，《邓小平理论学习与研究》2005年第2期。）保持共产党员的先进性，要坚持党员个体的先进性与党的整体的先进性的统一。保持共产党员的先进性，需要采取多种措施，其中最重要的，当推制度和机制。其中两种制度、机制特别重要：一是择优汰劣的选拔制度和机制，二是赏罚分明的激励制度和机制。（李忠杰：《共产党员的先进性靠什么保持》，《人民论坛》2005年第1期。）

2. 共产党员保持先进性教育活动的特点、意义。

对于这次开展的保持共产党员先进性教育活动，学者们从其特点、意义、目的和方法等进行了深入阐述。有学者认为，同以往我们党所开展的教育活动相比，这次先进性教育活动除了坚持党要管党、从严治党的总体要求外，还具有四个鲜明的特点：一是教育面宽，以全体党员、干部为教育对象；二是以实践"三个代表"重要思想为主线；三是以保持共产党员先进性为主题；四是以提高党的执政能力为着眼点。（李君如：《加强党的先进性建设的重大决策》，《中国党政干部论坛》2005年第4期。）这次开展的保持共产党员先进性教育活动，主要是解决好五个方面的问题：一是解决好"信什么"的问题，做"三个代表"的坚定实践者；二是解决好"为了谁"的问题，忠实履行全心全意为人民服务的宗旨；三是解决好"怎么发展"的问题，牢固树立和全面落实科学发展观；四是解决好"不踩红线"

的问题，自觉地遵纪守法；五是解决好精神状态问题，立足本职岗位创一流业绩。（吕东升：《论加强党的先进性建设》，《湖北社会科学》2005年第6期。）有学者提出，党的先进性建设是马克思主义政党自身建设的根本任务，保持共产党员先进性教育活动是党的先进性建设的重要举措。党的先进性建设与党员先进性教育活动，紧密联系，互相作用，目的都是为了保持和发展党的先进性，提高党的执政能力，巩固党的执政基础，实现党的执政使命。（姚润皋、王永义：《保持共产党员先进性教育活动的理论思考》，《学海》2005年第3期。）还有学者认为，党的先进性教育是党的先进性建设的重要内容，是党的思想建设的重要途径和方式。党的先进性教育是党的建设的重要组成部分，也是永远保持党的先进性的有力措施。这种教育方法的实质是体现主旋律，在广泛的社会领域充分发挥马克思主义的导向功能。党的先进性教育必须不断地创新方式并持之以恒。（王国平：《以先进性教育推进党的先进性建设》，《党政论坛》2005年第5期。）

3. 加强党的先进性建设的意义与对策措施。

一年来，学术界对党的先进性建设的重大意义、对策措施等进行了充分阐述。有的学者认为，党的先进性建设命题的提出，其理论价值在于，从执政规律的高度，从党所处的全新的执政环境和执政任务的角度，重新思考党的先进性问题，把党的先进性看成是一个动态的、发展的过程，其实质是要解决共产党的执政合法性问题。其实践意义是，党的先进性重在建设。这种建设主要体现在建设的途径、载体和建设的目的两个层面。具体地说，开展先进性建设，就是要通过"四个方面的载体"来达到"四个方面的目的"，即要通过推进思想建设、组织建设、作风建设和制度建设，一使党的理论和路线方针政策顺应时代发展的潮流和我国社会发展进步的要求，反映全国各族人民的利益和愿望；二使各级党组织不断提高创造力、凝聚力、始终发挥领导核心和战斗堡垒作用;三使广大党员不断提高自身素质、始终发挥先锋模范作用;四使我们党保持与时俱进的品质、始终走在时代前列、不断提高执政能力、巩固执政地位、完成执政使命。(张晓燕:《党的先进性建设命题的理论价值和实践意义》,《中国党政干部论坛》2005年第6期。)

有学者提出,党的先进性决定着党的创造力、凝聚力和战斗力,关系着党的生死存亡。党的先进性建设是党的建设的根本。加强党的先进性建设,是马克思主义政党生存、发展和壮大的根本性建设。新时期加强党的先进性建设的主要任务:一是坚持用发展着的马克思主义指导新的实践,二是坚持党的基本路线基本纲领和基本经验,三是保持党同人民群众的血肉联系,四是改革和完善党的领导体制和工作机制,五是加强党的基层组织和党员队伍建设。(蔡长水、卢先福主编:《党的先进性与执政党建设》,中共中央党校出版社2005年5月出版。)在党的先进性建设中,发挥党员领导干部的表率作用是关键。党的先进性建设,不仅要使干部不犯错误、少犯错误,减少干部队伍中的消极腐败现象,更重要的是要提高干部素质,提高领导干部为人民办实事、办好事的本领,把党的先进性建设体现在不断提高执政能力上。(马郑刚:《先进性建设:党的建设的永恒课题》,《光明日报》2005年7月19日。)

4. 保持共产党员先进性教育的长效机制。

在这次保持共产党员先进性教育活动中,党中央有一个明确的要求,就是建立共产党员受教育、群众得实惠的长效机制。

有的学者认为,新时期保持共产党员先进性的长效机制主要有:一是党员教育培训机制,包括把经常性教育与适当的集中教育结合起来、相应的教育培训的制度和规划等;二是健全党员目标管理机制,包括确定党员目标管理制度、建立党员责任落实机制、完善党员的民主评议制度；三是健全党员权利保障机制，包括健全保障党员权利的制度体系、发展党内民主和构筑党内民主机制；四是建立对党员的激励惩戒机制，包括健全对党员的表彰激励机制、健全对党员的约束惩戒机制；五是完善发展和清除不合格党员机制，包括规范发展党员的质量保障机制、规范处置不合格党员的"出口"机制；六是完善党员的党内外监督机制，包括完善党员的党内监督机制、完善党内监督与党外监督的配合机制、建立监督实施保障制度。（费雅君：《对保持党员先进性长效机制的思考》，《上海党史与党建》2005年第6期。）

还有学者提出，建立这种长效机制应当把握一定的原则，必须同实现党的历史任务紧密联系起来，必须贯穿于党的建设新的伟大工程的各个方面，必须以广大群众的认同作为评判标准。建立先进性教育的长效机制要着重研究的问题有：一是在思想理论建设方面，努力形成学习实践"三个代表"重要思想的长效机制；二是在党员队伍建设方面，积极探索新形势下党员教育管理工作的新机制；三是干部队伍建设方面，健全选拔任用制度，使优秀人才脱颖而出的机制；四是在党风廉政建设方面，完善权力制约和监督的机制。（卢先福：《关于党的先进性建设长效机制的几点思考》，《理论前沿》2005年第13期。）

（三）党的执政理论

中国共产党历经革命、建设和改革，已经从领导人民为夺取全国政权而奋斗的党，成为领导人民掌握全国政权并长期执政的党；从受到外部封锁和实行计划经济条件下领导国家建设的党，成为对外开放和发展社会主义市场经济条件下领导国家建设的党。党的这

二、执政党研究综述

一历史方位的重大转变,迫切需要一个指导执政活动的理论即执政理论。与党指导武装斗争的革命理论相比,执政理论有着许多方面的差异和不同。2004年6月,胡锦涛在中央政治局第十四次集体学习时的讲话中,首次对党的执政理论作了阐述。他指出:党的执政理论建设是一项系统工程,包括执政理念、执政基础、执政方略、执政体制、执政方式、执政资源等主要方面。要坚持马克思主义执政理论与我们党执政的具体实践相结合,在总结历史经验和现实经验的基础上,开展全面、系统、深入的研究,不断完善我们党的执政理论体系。同年8月,他在邓小平同志诞辰100周年纪念大会上又强调指出:要把马克思主义执政理论与党执政新的实践紧密结合起来,以党的执政能力建设为重点,从党的执政理念、执政基础、执政方略、执政体制、执政方式、执政资源和执政环境等方面进行努力,全面加强和改进党的思想、组织、作风和制度建设。以此为契机,2005年,理论界对党的执政理论及执政理论建设展开了多方面的研究,取得不少有价值的成果。

1. 党的执政理论的特征、功能及其研究方法。

探讨和研究党的执政理论和执政理论建设,首先要弄清楚执政理论的特征、执政理论的功能和研究方法等基本问题。

在这个问题上,有学者认为,党的执政理论是以执政党如何掌握、运用国家权力为核心而形成的一整套思想体系,包括党的执政理念、执政基础、执政方略、执政体制、执政方式、执政资源等多方面内容。执政理论具有价值取向的鲜明性、实践性、合理性、开放性等特征。执政理论具有执政合法化功能、政治动员功能、执政方式的引导和规范功能、为政治体系辩护并促进其发展的功能、提供执政资源的功能以及政治整合和凝聚功能等。(高新民:《党的执政理论:一个需要深入研究的课题》,《中国党政干部论坛》2005年第8期。)

还有学者提出，推进党的执政能力建设必须深化和加强执政理论研究，要真正深化和加强党的执政理论研究，应当建立在科学方法论的基础上。目前的党建研究，存在与时代要求不相适应的情况，越来越成为制约党建理论特别是制约执政理论发展的瓶颈。因此改进研究方法，拓宽思考党的建设问题的视野，是党建理论工作者面临的一项重要而迫切的任务，完成这项任务需要从三个方面强化对执政理论研究方法的思考：一是把执政问题放到民主政治的大背景中考察，二是把执政问题放到信息社会的大背景中考察，三是把执政问题放到政党比较的大背景中考察。（王长江：《关于执政理论研究方法的几点思考》，《中共天津市委党校学报》2005年第3期。）

2. 党的执政理论建设的内涵、意义及其措施。

学者们普遍认为，执政理论建设同执政理论并不完全是一回事。执政理论建设是为不断完善党的执政理论而在多方面展开的建设性工作，是为形成执政理论体系而努力的多方面的架构过程，执政理论是其成果。执政理论的建设不仅包含有理论层面的架构，也包含了执政党的执政实践、党的建设的实践。党的执政理论建设是党的思想理论建设的一部分，加强党的执政理论建设，与党的建设的其他方面是相互影响、相互联系的。因此，加强和完善党的执政理论体系，要依赖于党的自身建设的实践推动，依赖于对执政规律认识的不断深化。（高新民：《党的执政理论：一个需要深入研究的课题》，《中国党政干部论坛》2005年第8期。）

加强执政理论建设是一项系统工程，当前应着眼于以下方面：以"三个代表"重要思想为指导，深入研究党的执政理念；根据当代中国社会的深刻变革和社会结构的深刻变化，深入研究党的执政基础；把党的建设实践与中国特色社会主义建设实践有机结合起来，深入研究党的执政方略；根据党的历史方位发生转变的新形势，深入研究党的执政体制和执政方式。加强马克思主义执政理论建设的基本途径,主要是坚持和运用马克思主义的基本原理和原则,坚持和充分运用我们党丰富的执政经验,汲取和借鉴世界上其他政党执政的经验和教训。

3. 党的执政理论的构成要素。

党的执政理论建设是一项系统工程,其基本内容包括"执政理念"、"执政基础"、"执政方略"、"执政体制"、"执政方式"、"执政资源"、"执政环境"等方面。理论界围绕这些方面进行了深入分析,提出了一些有价值的观点。

执政理念 学者们认为,执政理念,简单地说,就是为何执政、为谁执政、靠谁执政,它从根本上决定着执政党的性质、价值导向和行为规范,是一切执政理论的本质与核心。中国共产党夺取政权以后,其价值目标和价值取向集中体现在执政理念中。党执政以来,执政理念有三次飞跃性的发展:从以政治斗争为中心到以经济发展为中心,从社会主义计划经济到社会主义市场经济,从意识形态泛化到建设社会主义先进文化。"立党为公、执政为民"是共产党人最高的价值目标和最根本的价值取向。党的执政方略、执政体制、执政方式、执政基础等制度设计都是建立在"立党为公、执政为民"的基础之上的。坚持以人为本,全面、协调、可持续的发展观,是我们党的执政理念的又一次重大飞跃,也是中国共产党加强执政能力建设的新的价值指导方针。(奚洁人:《中国共产党执政理念的价值取向》,《文汇报》2005 年 4 月 25 日。)

执政基础 学者们认为,执政基础是执政党领导和执掌国家政权必须具有的自身优势及其赖以存在的诸多社会因素的总和,是执政党执政地位的基石。有学者认为,一个政党执政必须有坚实的执政基础,政治基础、经济基础、文化基础、社会基础和组织基础等是执政党赖以存在和发展的根本。执政基础建设不能一劳永逸,要形成长效机制。在实践中形成有效的制度和机制是切实加强执政基础建设的根本着力点。现阶段需要把握好以下环节:一是坚持以人为本、把实现最广大人民的根本利益作为执政的出发点和落脚点。二是抓好发展尤其是经济的发展。三是切实加强党在意识形态领域的执政能力建设,增强文化的感染力。四是努力构建和谐社会,赋予党的社会基础以崭新的时代内涵。五是积极探索工作新思路,不断巩固党的基层组织基础。(刘晓钟:《从党的执政能力的形态看巩固和扩大党的执政基础》,《中共济南市委党校学报》2005年第3期。)

执政方略 学者们认为,执政方略是政党用来获取和维持其执政地位,推行其执政纲领的一系列路线、方针、政策和策略。有学者认为,制定正确的执政方略是巩固执政地位的核心举措。执政方略在执政理论和执政实践中有着突出的特点:一是执政方略与指导思想相比,具有更具体的对策性、目的性和规定性。二是执政方略是执政党"为谁执政"本质的集中体现。三是执政方略以怎样执政的制度安排为中心。四是执政方略要经由依法执政的方式实施。当前中国共产党完善执政方略的一个中心问题,就是从改革和完善决策机制、加强对权力运行的制约和监督、改革和完善党的领导方式等三个方面进行。(余凡:《党的执政方略论析》,《探索》2005年第3期。)

执政体制 学者们认为,执政体制是政党领导公共权力的一整套方法、途径和手段的程序化、条例化和法律化,是党组织和领导国家机关的各种制度的总称。有学者认为,执政体制建设既包含具体制度的完善,又包括理顺相关制度之间的运行机制。加强执政体制建设的关键在于要切实保证人民当家作主的基础上完善民主集中制。加强执政体制建设,实质是对党在执政过程中具体制度及制度运行出现的弊端或不适应社会主义现代化建设需要的体制进行改革和创新。因此执政体制建设的首要任务就是要正确解决体制运行中存在的问题。（康利超：《试论加强执政体制建设》，《南方论刊》2005年第9期。）

执政方式 学者们认为，执政方式就是执政党执掌、控制和运用国家政权的方法和形式。十六届四中全会比较完整地提出党的执政方式问题，即科学执政、民主执政、依法执政。有学者认为，对于中国共产党而言，实现民主执政是个价值目标，也是长期、艰巨的任务，要解决一系列复杂问题：首先要强化民主执政意识；其次要优化执政主体，党组织不仅要善于民主执政，而且要从发扬党内民主做起，以党内民主推动社会主义民主的发展；再次要完善执政方式，同时还要具备世界眼光，借鉴、吸收人类政治文明的有益成果。（姚桓：《关于民主执政若干问题的思考》，《中国特色社会主义研究》2005年第3期。）还有学者提出，中国共产党要依法执政，应当坚持"执政为民"的价值原则以及合法性原则、民主原则、法律至上原则、公正公平原则。在此基础上，应着重做好以下工作：一是转变执政理念，增强依法执政意识。二是提高依法执政水平。三是加强对党的执政行为的有效监督。（李玮：《中国共产党依法执政的价值原则及途径选择》，《东北大学学报》2005年第1期。）

执政资源 学者们认为，执政资源是政党在执政活动中为巩固执政地位、完成执政使命可资利用的各种物质和非物质因素的总和。有研究者认为，当前，中国共产党的执政资源已经发生了巨大变化，突出表现在执政资源由垄断性分布向弥散性分布转变，并伴随着大量正常和非正常的流失，这已严重影响到了中国共产党执政的合法性和执政能力建设。在执政资源弥散分布的情况下，党必须提高其整合执政资源的能力，具体措施有：进行党的领导方式创新，构建"整合引导型政党"；加强社会主义意识形态的建设，增强其包容性和解释力；加强党的自身建设，重树党的社会权威和公信力；构筑资源整合的制度平台；优化执政资源的调配机制。（中共无锡市委党校课题组：《论中国共产党执政资源的整合能力》，《太湖论丛》2005 年第 2 期。）

执政环境 学者们认为，执政环境是政党在执政活动中所面临的各种情况和条件，执政环境可划分为国际环境和国内环境，还可以分为政治环境、经济环境、社会环境、人文环境等。执政环境具有客观性、可变性等特点。有学者提出，良好的环境有利于提升党的执政能力，而恶劣的环境会破坏执政活动，不利于执政能力建设，甚至会危及执政地位。中国共产党在新世纪执好政并长期执好政，就要充分利用有利的环境，改善不利的环境：一是高举和平、发展、合作的旗帜，坚持独立自主的和平外交政策，反对霸权，维护世界和平。二是继续深化经济、政治体制改革，建立科学合理的利益分配机制和健全有效的监督约束机制。三是正确处理改革、发展和稳定的关系，构建系统的利益表达、政治参与机制，寻求经济发展与政治发展之间的平衡和谐，维护社会公正。（孙静：《浅论党的执政环境》，《中共南京市委党校学报》2005 年第 2 期。）

（四）执政党的思想、组织、作风、制度建设

党的思想、组织、作风、制度建设是党的建设的重要方面，2005 年这方面的研究，学术界关注较多的还是党的制度建设。认为党的思想建设、组织建设和作风建设，最根本的还是要落实和体现在制度建设上。在研究中，一些学者提出了"执政信用"、"执政成效"、"执政安全"、"执政文明"、"执政变革"等概念，从而大大扩展了执政党理论研究的范围。

1. 关于执政信用。

有学者提出，执政信用是执政党对它所领导的民众诚实无欺，

讲求信用,是人们对执政党是否执政正义、履行职责的一种评价。执政信用的构成要素主要有执政理论信用、执政目标信用、执政制度信用、执政组织信用等。执政信用在整个社会信用体系中居于关键地位,是社会稳定的基石,起着核心和支柱作用。加强执政信用建设的对策:一是加强党的思想理论建设,在全社会形成高度的政治价值认同。二是强化信用道德建设,牢固树立执政信用理念。三是加快政治建设和政治体制改革步伐,为执政信用建设提供制度与保障。四是扎实改进执政作风,不断规范执政行为。五是加大反腐力度,形成科学有效的反腐机制,切实做到廉洁执政。六是大力加强党的领导干部的信用建设。(闵靓、黄明哲:《关于执政信用问题的思考》,《理论前沿》2005年第19期。)

2. 关于执政成本。

有学者认为,世界上没有哪一个执政党可以不支付成本而执政。当前,影响中国共产党执政成本高低的主要因素有:对执政主体的认同程度、收入差距与区域发展差距、国家统一与民族和睦程度、执政体制与机制的成熟程度、执政主体的意识程度等。中国共产党提高执政成本,要增强向心力和凝聚力、促进经济社会发展、调和各种社会矛盾与促进社会和谐、透明公正、自我约束执政从俭等。(季建林:《论执政成本》,《上海市经济管理干部学院学报》2005年第4期。)

3. 关于执政安全。

有学者提出,执政党的执政安全问题,是关系执政党生存与发展的基本问题。20世纪执政党执政面临前所未有的挑战,面临危机和挑战的并非只是共产党和社会主义国家。在经济全球化、改革开放和社会转型条件下,执政党执政安全问题显得突出。加强执政党执政安全研究,有利于我们正确地面对实际,在复杂的国际国内形势面前作出正确的选择,可以指导党的建设实践,对于完善党的建设学科、推进党建科学化具有重要作用。(徐晨光:《执政安全:执政党建设研究新领域》,《湖湘论坛》2005 年第 2 期。)

4. 关于执政文明。

有学者认为,政治文明集中体现为治理国家的文明,即执政文明。政党执政文明,是指政党以民主、和平的方式,公正、有效地运用公共权力,推行公共政务,发挥公共职能的作用,推动国家经济、政治、文化的发展。具体地说,政党执政文明包含政党自身民主、政党间接执政、政党合法执政、政党受制约执政等内在规定。要实现政党执政文明,必须正确认识和处理好党政关系。在我国,必须进行党政关系改革。改革党政关系,在于坚持邓小平提出的党政分开之路,使党组织与国家政权机关分开。(许耀桐:《论政党执政文明与我国党政分开》,《改革内参》2005 年第 8 期。)

5. 关于执政变革。

有学者提出,治理理论给世界各国的执政党执政提出挑战。中国共产党在执政方式、执政理念、执政原则等方面都面临着一系列挑战。比如对执政方式的挑战,善治意味着进一步的民主化,它进一步确定和强化民众对权力所有者身份。计划经济体制下形成的高度集中、缺乏民主、党包办一切的领导方式和执政方式与治理理论所要求的民主执政思想是格格不入的。党必须在治理与善治理论指导下进行变革,包括:增强执政的合法性;大力发展党内民主,以党内民主推动人民民主;按照法治原则,坚持依法治国、依法执政;对人民高度负责;改变长期以来权力过分集中的现象,建立一个适合我国国情的分权政治体制。(陶国根:《治理、善治理论与党的执政变革》,《江西师范大学学报》2005 年第 6 期。)

6. 关于政党法治建设。

有学者认为,政党法治是政党文明发展到一定历史阶段的内在要求和必然结果,包含民主与法制、权利与义务等丰富的制度意蕴;融汇法律至上、权力制约、依法执政等诸多的价值取向;涉及政党法治的主体、客体、目标、原则、依据、形态及其与法治国家的关系等若干内容;涵盖全部政党生活的各个方面;贯穿政党自身事务管理和领导与执政整个政党行为全过程。在当代中国,加强政党法治建设应确立以下几个观点:一是确立政党法律信仰,为政党法治提供文化环境;二是发展政党民主,为政党法治提供政治基础;三是科学配置政党权力,为政党法治提供体制条件;四是明确政党职能,为政党法治提供价值指向;五是健全政党法制,为政党法治提供本体依托;六是维护法律权威,为政党法治提供价值保障。(王韶兴:《论政党法治建设的价值意义》,《理论学刊》2005年第1期。)

7. 党内监督重在制度建设。

有学者提出,当前党内腐败现象和不正之风的不断蔓延和难以根治,究其原因,与党内监督制度的严重缺失有着直接甚至必然的联系。主要表现在:一是监督主体与监督客体权力配置不平衡,二是干部管理权限与监督权限之间相脱节。为此提出三点设想:一是把纪委改为直接向党的代表大会负责,在权力来源上纪委与同级党委是平等、平行的。二是在党内监督系统,下级纪委宜直接以上级纪委领导为主,改变目前还是以直接受同级党委领导为主、同时受上级纪委领导的双重领导体制状况,以提高其监督的独立性和权威性。三是改革现行的纪检监察"合署"的党政不分体制,保证行政监察机关依法独立行使职权和发挥作用,保证纪委集中精力搞好党内监督。(陈振锟:《执政党党内监督重在制度建设》,《福州党校学报》2005年第4期。)

(张衍前)

三、参政党研究综述

2004年9月,中共中央十六届四中全会通过了《中共中央关于加强党的执政能力建设的决定》,2005年2月颁布了《中共中央关于进一步加强中国共产党领导的多党合作和政治协商制度建设的意见》,两个文件的颁发对参政党建设理论研究是一个促进和推动,围绕文件精神的贯彻落实,开展相关问题的研究和探索是本年度参政党建设的特点,其理论进展主要有以下几个方面:一是围绕贯彻十六届四中全会精神,开展加强民主党派的参政能力建设的理论研究,努力加强参政党的能力建设和提高参政议政能力;二是按照中共中央2005年《意见》中关于民主党派参政议政、民主监督职能的有关规范和支持民主党派加强自身建设的精神,开展理论研究;三是对民主党派在构建社会主义和谐社会中的地位和作用的探讨;四是围绕政党制度建设中关于民主党派的未来发展问题的研究和探讨。总之,一年来参政党建设理论方面取得了一些值得关注的新进展、新成果。

（一）关于加强参政能力建设的
研究成果和进展

2004年中共十六届四中全会通过决定后，各民主党派对参政党参政能力建设进行较为深入的思考。围绕民主党派参政能力的提出和发展、参政能力的内涵、加强参政能力建设的必要性紧迫性、参政议政必须坚持的原则、当前如何加强民主党派参政能力建设等问题进行探讨。

大家形成一致的看法是，执政党要加强执政能力建设，参政党也要加强参政能力建设。各民主党派的中央和地方领导人都提出要对民主党派参政能力建设开展理论研究，为实践提供基础和理论支撑。改革开放以来，以1989年《意见》下发为新起点，多党合作事业取得了长足发展。同时我们也要看到，各民主党派在改革开放过程中发挥参政议政的作用，为党和国家作出了一定的贡献，但是作为参政党来说，它们还存在自身的参政能力与所肩负的历史使命和政治责任不太适应，同履行参政党职能——参政议政、民主监督的能力和水平不太适应，同参政党地位和形势发展的要求不相适应的问题。因此，提高参政议政的能力和水平是参政党的迫切而重要的任务。

1. 关于参政能力的提出和发展。

学者们认为，1989年《意见》明确了民主党派参政党的地位和作用，"提高参政能力"的课题就历史性地摆在了参政党面前，成为参政党的安身立命之本。2004年初，胡锦涛总书记在中共中央召开的党外人士迎春座谈会上，对民主党派提出三点希望，其中一点是：

坚持加强自身建设，不断提高参政议政能力和水平。2005年的迎春座谈会上，胡锦涛就进一步加强中国共产党领导的多党合作和政治协商制度建设提出了五点要求。在"坚持执政党建设和参政党建设互相促进"方面，他要求"各民主党派要不断提高政治把握能力、参政议政能力、组织领导能力和合作共事能力"。

2. 民主党派参政能力的基本内涵。

郑宪在《加强民主党派参政能力建设的思考》（《中央社会主义学院学报》2005年第1期。）一文中提出，民主党派参政能力，通俗地讲，就是参政的本领。对政党来说，各级领导干部是构成党的整体的要素之一，是党所执掌之政治权力的直接承担者。提高参政党的参政能力，首先要通过他们个体和个人的能力来体现。离开了各级领导干部的能力，党的执政或参政能力就无从谈起；不提高民主党派各级领导干部的参政能力，整个党的参政能力就无法得到提高。同时，参政能力从它的主体上讲，既涉及各级党派组织，也涉及党员干部，还涉及党的整体；参政党加强参政能力，不仅要落脚到参政党的各级领导干部素质的增强上，还要落脚到参政党的领导体制和工作机制的改革上。从党建的意义来讲，以民主党派的参政能力为重点，全面推进思想、组织和制度建设，是各民主党派积极、主动、勇敢地迎接新考验、新挑战，实现政党现代化必不可少的前提和条件。

3. 民主党派加强参政能力建设的重要性和紧迫性。

民主党派成为参政党，是历史的选择，人民的选择。进入新世纪新阶段，国际国内形势的深刻变化，以及繁重的改革发展任务，对民主党派的参政能力提出了比以往任何时候都要高的要求，参政能力的建设问题不只关系到参政党自身，更是关系着坚持和完善我国多党合作制度、发展社会主义民主的大事。因此，在新的历史条件下，加强民主党派的参政能力建设，已成为参政党建设的一项根本性任务。加强民主党派的参政能力建设,是国内外形势发展的要求,是我国民主政治发展的要求,是执政党对参政党的要求,也是民主党派自身发展的要求。

4. 加强参政能力建设必须坚持的原则。

有的学者提出,民主党派加强参政能力建设应遵循的原则是:坚持中国共产党的领导和发扬民主,坚持围绕中心、服务大局,遵循我国政治体系的政治原则和政治规则,正确处理全局利益和具体利益的关系。还有学者提出的原则有:一是学习贯彻"三个代表"重要思想,巩固多党合作的思想基础;二是把发展作为参政议政的第一要务;三是坚持立党为公,参政为民;四是坚持科学参政、民主参政、依法参政;五是坚持民主党派的组织特色,突出民主党派参政优势。

5. 民主党派提高参政能力的基本任务。

关于加强参政能力建设,民主党派领导同志有一些论述。如中国民主建国会中央主席成思危提出:民主党派要着眼于国际国内形势的变化,不断提高政治把握能力,包括政治理念、政治敏感性和政治鉴别力;着眼于经济建设和社会发展大局,不断提高参政议政能力,包括调查能力、分析能力、归纳能力和表达能力等;着眼于执政党的历史任务,不断提高组织领导能力,包括法制观念、政策水平、开拓创新能力和决策能力等;要着眼于多党合作的大局,不断提高合作共事能力,包括协商能力、协调能力和团结能力等。通过加强参政能力建设,不断提高参政党各级组织和广大成员的整体素质,体现参政党特色与进步性,始终保持旺盛的活力。

6. 如何加强参政党能力建设。

这个问题是学术界和民主党派领导及机关干部关注和探讨比较多的问题。主要观点有:

第一，提高认识，加强思想教育和组织建设工作。

第二，加强学习，提升参政议政能力。要以落实科学发展观和构建和谐社会为着眼点，增强履行参政党职能的使命感和责任感，提高参政议政、民主监督的综合能力，防止出现新的"知识危机"和"本领恐慌"。

第三，练好基本功，提高调查研究水平。处理好有所为有所不为的关系，让有限的资源发挥出更大的作用。因为民主党派的政治资源、人才资源以及物质资源都相对缺乏，不能贪大求全，只能量力而行。

第四，建立一支参政队伍。必须建立包括广大成员在内的工作体系，整合各方面的优质资源，形成强大合力，最大限度地发挥整体优势，不断提升参政议政水平。因此，民主党派在人才培养和队伍建设中要高度重视政治思想教育，最大限度地调动广大成员的积极性，在动态运行中锻炼出一支知识丰富、领域宽广、多专多能的高素质的参政议政队伍，在民主党派内部形成紧密团结、齐心协力的参政议政团队。

最终在参政议政的活动中形成良性的协调关系，即饱满的政治热情使之自觉地关注社会发展中的问题以确定调研的选题；强烈的社会责任感又促使人们不断地克服调研中的困难；实事求是的科学态度和各方面密切配合，使之从分析客观存在的实际中得出正确结论，提出有价值的政策建议。这样和谐的工作局面和有价值的参政议政成果体现出参政能力的提高。

(二)《意见》关于参政党建设的论述和有关问题的探讨

2005年《意见》的颁布标志着中国共产党领导的多党合作和政治协商制度建设步入一个新阶段，是1989年《意见》发布以来，多党合作理论与实践新发展的集中体现。

1. 关于参政党建设方面的新规定、新精神。

大家认为，2005年《意见》理论有五大新概括和几方面政策的新发展。五大理论新概括：

第一，完善了对我国民主党派性质的表述。在新世纪新阶段，民主党派是各自所联系的一部分社会主义劳动者、社会主义事业建设者和拥护社会主义爱国者的政治联盟，是接受中国共产党领导、同中国共产党通力合作的亲密友党，是进步性与广泛性相统一、致力于中国特色社会主义事业的参政党。现在的表述着重从民主党派组织构成方面论述其性质，从中国共产党与民主党派之间的关系来论述民主党派的性质。从民主党派政治属性方面对民主党派性质的定位，适应了我国社会结构新变化，体现了民主党派在新形势下的发展和作用的增大，增强了我国政党制度的包容力，明确了民主党派的奋斗目标，又明确了民主党派在我国政治格局中的参政党地位。

第二，提出发展是中国共产党执政兴国的第一要务，也是各民主党派参政议政的第一要务，为民主党派在新世纪新阶段履行参政党职能指明了方向。

第三，进一步明确了民主监督的若干理论和政策，为民主党派更好地履行参政党职能提供了理论支持。明确民主监督的性质是在四项基本原则基础上进行的政党之间的政治监督,民主监督的方式是提出意见、批评、建议。民主监督是我国社会主义监督体系的重要组成部分。民主监督的性质、形式和民主监督在我国监督体系的重要地位的明确是继1989年《意见》以后关于民主监督理论的最深刻透彻的论述,解决了长期困扰民主党派履行监督职能无理论依据的问题。

第四,进一步提出要支持民主党派加强自身建设。《意见》提出,要支持民主党派根据各自章程规定的参政党建设的目标,按照坚持中国共产党的领导、发扬社会主义民主、体现政治联盟特点、体现进步性和广泛性相统一的原则,以思想建设为核心,以组织建设为基础,以制度建设为保障,把自身建设提高到新的水平。组织建设中特别提出贯彻民主集中制原则,提高领导班子成员的四种能力:政治把握能力、参政议政能力、组织领导能力和合作共事能力。

第五,提升了民主党派的重要作用。1989年《意见》讲,民主党派"是我国爱国统一战线的一支重要力量,也是维护我国安定团结、促进社会主义现代化建设和祖国统一的一支重要力量"。2005年《意见》进一步指出,民主党派"是发展先进生产力、社会主义民主政治、社会主义先进文化和构建社会主义和谐社会的一支重要力量,也是实现祖国统一、民族振兴的一支重要力量"。

甄小英在《解放思想拓宽思路整合力量乘势而上》(《中国特色政党制度与政治文明建设》,中央社会主义学院政党制度研究中心编)一文中提出,2005年《意见》在多党合作和政治协商政策方面的新政策、新举措主要是:

第一,进一步明确了党外人士安排的政策。其中特别规定在全国和省级人大常委会中应有民主党派成员或无党派人士担任副秘书长。提出要加大政府职能部门党外人士的选配力度,符合条件的可以担任正职。国务院有关部委领导班子中要注意选配民主党派成员、无党派人士。规定了民主党派和无党派人士在人民政协中的比例。政协机关中要有一定数量的民主党派成员和无党派人士担任专职领导职务。其中在全国政协至少有1位专职副秘书长。

第二，对加强政府同民主党派的联系提出了明确要求。

第三，拓宽了民主党派、无党派人士发挥作用的渠道。提出要健全民主党派负责人参加重要外事、内事活动制度。提出健全民主党派考察调研制度，等等。

2. 对2005年《意见》的评价和反响。

2005年《意见》下发以后，中央社会主义学院政党制度研究中心专门召开了各民主党派中央领导和有关专家、在京高等院校和科研单位的专家学者以及中央社会主义学院教学科研人员研讨会。大家对中央2005年《意见》给予高度评价。中共中央党校党建部主任王长江教授认为：2005年《意见》更明确地定位了我国政党制度在政治文明建设中的地位和作用，是多党合作制度不断走向成熟的表现，对发展社会主义民主，推进社会主义政治文明具有非常重要的意义。文件最大的亮点是它体现并抓住了政党政治的一些规律性的东西，比如说非权力对权力的监督、权力制衡原则等政党政治的基本精神都通过民主监督、政治协商等规定在文件中得到了突出体现。

中国人民大学政党研究中心主任周淑真教授认为，文件把现阶段民主政治的发展所认知到的理论问题都概括进去并提出了一些新的理论观点和政策手段，在许多问题上都前进了一大步。北京大学政党研究中心主任金安平认为，执政党的定位不是孤立的，而是与领导谁、合作者相联系而存在的。按照政党学的一般原理，"执政党"是相对于"在野党"或"反对党"的一个概念或者是相对于有非执政党的他党的一个概念，中国的政治体制决定了中国不可能有西方式的反对党，但也不是说不能只有一个惟一的党。因此"参政党"概念的提出和确定，创造性地解决了一个重要地理论问题和现实政治问题。中国"参政党"的存在和定位使中国共产党作为执政党和领导党更好地获得了政党理论层面和逻辑层面上的说明与支持，因此，明确和参政党的关系，不仅对民主党派是重要的，对中共的意义更为重大。

3. 关于民主监督问题的研究与探讨。

第一，关于完善参政党履行民主监督职能的研究。

学者们认为民主监督是多党合作的一个弱项，也是《意见》突出的一个重点。《意见》首次深刻阐述了民主监督的实质和重点，对民主监督的内容、形式作出了明确规定，并提出了拓宽民主监督的渠道、完善民主监督机制、加大民主监督力度的要求。

王长江教授指出，没有约束的权力容易产生腐败，政党制度要体现非权力对权力的约束，这是民主政治的要求。过去我们把权力分成两部分，让一部分去监督另一部分，但这容易造成党政不分的现象，而且实际效果也有限，所以我们还需要"非权力对权力的约束"。现在，权力的使用权和所有权是分离的，老百姓是权力的所有者，他们把权力交给执政者后自己就成为"非权力者"了，但他们仍然保留并需要有对权力使用者的执政者的监督，这样才尽可能地防止权力的滥用。这种监督需要组织化才更有成效，政党于是应运而生。因此，政党政治要体现非权力对权力的约束，这是规律。民主监督是最能体现非权力对权力监督的监督形式，但在这方面我们还有很多问题需要研究解决。

中国社会科学院政治学所所长房宁研究员提出，"权利(right)对权力(power)的监督"是一个很深刻的理论问题，也是一个强烈的现实问题。西方民主演变到现在，其核心的问题就是"权利对权力的制约"问题,即"社会权利"对"国家权力"的制约问题,也就是自由问题。过去我们是同置结构,官民一体,革命工作只是分工不同,每个人都是整体利益的组成部分,每个人与整体利益的距离都大体相当,所以没有太多的利益问题。但是现在中国社会发生了很大的变化,在市场经济条件下,国家与社会分离,官民分离,利益多元化的趋势越来越明显,权利对权力的制约问题就凸现了。但我们现在又处于一个特殊的历史阶段,作为一个在全球化浪潮席卷之中的后发展国家,我们要实现中国的现代化和国家民族的伟大复兴,面临着许多挑战。在这复杂的国际国内环境之中,我们要完成现代化的使命就必须考虑"国权"与"民权"的关系问题,整体利益与局部利益的问题。这也是民主和集中的问题。我们既要民主也要集中,既要人民当家作主也要党的领导,但是各自到底占多大比例?民主多一些还是集中多一些?国权多一些还是民权多一些?这都是我们要深思的理论问题。在现在的体制下,党的领导更多地体现在实现整体利益,实现国家利益最大化,民众由于信息不对称,对整体利益可能考虑不到,但这又并不意味着民众没有发言权。党的领导讲整体利益和长远利益,但也要讲局部利益和眼前利益,民主机制就是为了更多地表达眼前利益和局部利益,并对整体利益和局部利益、长远利益和眼前利益进行整合的机制。一个好的政党政治应该能够解决这个问题。人民当家作主如何体现,人民利益如何进行概括如何表达,全国人民的利益、意志、愿望如何整合起来,上情下达,化爱国热情为强国行动,这是我们的民主政治应该考虑的,也是《意见》应该改进和加强的。

王彩玲在《论民主监督的困境与出路》(《中国特色政党制度与政治文明建设》,中央社会主义学院政党制度研究中心编)一文中从学理上对监督模式及其我国民主监督的优势进行厘清,即目前我国的监督体系大体包括党内监督、行政监督、法律监督、民主监督、舆论监督、群众监督等方面。对权力的监督模式基本上有：权力模式（以权力制约权力）、权利模式（以权利制约权力）。在此基础上派生出制度模式（以制度或法制制约权力）和混合模式（"以法律、权利、权力三者统一作为制约权力的手段"）。以权力制约权力（to check power by power）这一模式的核心是分权或者分工，并使不同权力机构之间形成一种监督与被监督或相互监督的关系。它侧重于事后的阻止和惩罚，表现为以一种刚性的力量对付另一种刚性的力量。以权利制约权力（to check power by right）的模式基于对权利与权力关系的正确理解，在恰当配置权利的基础上，使之能够限制、阻遏权力的滥用。因此，权力模式与权利模式实际上是一种相互补充的关系。从监督主体上讲，前者来自于国家，后者来自于社会，两者只有共同起作用，才能建立起国家权力与社会权利的合理关系，在民主与集中之间建立良好的平衡。从监督对象上讲，权利模式也是对权力模式的补充，因为以权力制约权力的机制难以解决监督过程中相互妥协的问题。我国的民主监督属于权利监督，因为它是政治监督，而不同于一般的权利监督，具有自己独到的优势，在监督体系中有重要的位置。

第二，如何提高民主监督的力度和成效。

学者们认为，从大的环境来看：首先要推进民主政治，为民主监督作用的发挥提供良好环境。民主政治是民主监督的力量之源，能为民主监督提供良好的政治环境、舆论环境和社会环境。民主党派的民主监督不仅需要法律和制度为之提供保障，更需要整个公民社会为之提供合法性基础和约束性力量。只有形成民主化的政治文化氛围和社会政治心理时，社会才能在无形中对公共权力形成某种压力，从而为民主监督得以落实提供良好的社会环境。其次，中共领导应自觉接受监督，养成听取不同声音的"习惯"。《意见》指出："由于中国共产党处于领导和执政地位，更加需要自觉接受民主党派的监督。"政党之间的监督不是一般人民团体或人民群众的监督，应该主要体现在政治和执政权方面的监督。我们的多党合作制，就应有监督和被监督的机制，如果没有这个机制，多党合作制就会流于形式，甚至与一党制就没有多大区别。"长期共存"就是为了"互相监督"，中共领导干部要培养听不同意见的"习惯"。当然这种"习惯"的养成要经历一个比较艰难的过程。但为了体现领导者博大的胸襟，为了切实贯彻落实"三个代表"重要思想，为了决策的科学化，应努力缩短这个过程，主动听取不同的声音，并做到从善如流。同时，民主党派作为以具有人文关怀传统的知识分子为主体的社会精英，具有高度的政治责任感，也应承担起历史使命，勇于发出不同的声音，认真履行民主监督职责，敢于讲真话，讲实话，做中共的诤友、挚友。

第三，关于民主监督的操作形式。

一是把民主监督与舆论监督相结合。随着现代社会的信息化进程，新闻舆论监督的影响力与日俱增。虽然新闻舆论监督与民主监督都属于"软监督"，是非权力性质的监督，但二者如果结合起来，相互依托，合力造势，就会相得益彰。

二是民主监督与群众监督相结合。民主监督与群众监督相结合，建立社情民意反映制度，建立与群众密切相关的重大事项社会公示制度和社会听证制度。针对社会热点问题，人民群众关心的问题，以民主党派为主，邀请群众代表参加，请有关部门就特定问题进行专项说明。民主党派和无党派人士以人大代表或政协委员的身份开展调查研究，要密切联系群众，尽可能多地了解基层情况，掌握第一手资料，按照"三个代表"的要求反映群众的利益和呼声，使参政议政、民主监督更广泛地体现社情民意。

三是民主监督与党内监督相结合。党内监督是党从内部对其权力运行设置的一道屏障。而把党内党外监督结合起来,才能真正有效地抵御腐败。"坚持'长期共存,互相监督,肝胆相照,荣辱与共'的方针,主要是民主党派监督共产党。要鼓励民主党派当诤友,能够说心里话,敢于讲不同意见。各级党委和领导干部要主动接受民主党派的监督,闻过则喜,从善如流,特别要听得进逆耳之言,容得下尖锐批评,有则改之,无则加勉。广纳群言,以收公益,应成为我们党的各级领导干部的座右铭。"

4. 关于建立和谐党际关系问题的研究与探讨。

甄小英教授认为一个国家的执政党,特别是长期执政的党,对国家政治发展特别是国家政党制度的变迁具有主导的地位,在政党制度发展方面的智慧和是否守为有度,是衡量其执政能力的重要因素。在建立和谐政党关系方面,中国共产党应该是处于主动地位的。她提出要注意处理几个关系,即一致性和差异性的关系、局部和全局的关系、创造和继承的关系。北大金安平教授提出,中国共产党决不能把民主党派仅仅当作"友",还要把它当作"党"来看,可以和应该让参政党做的事情就让参政党做。对于中国的执政党来说,既然中国的政党制度是多党合作,各民主党派是参政党,那么和谐的党际关系就将是执政资源的最佳配置状态,这将会降低执政成本,增加执政效率。当然 2005 年《意见》对参政党应该做什么、能做什么都作了规定,但是,这种规定相当宏观,在这样的一个政治框架下,民主党派的具体活动空间、动力来源在哪里还需要研究。

也有学者提出,目前中国共产党面临新的国内国际复杂挑战的背景,对执政党的能力提出了更高的要求。为了充实党的执政资源,稳固党的执政地位,充分开发"相互监督"与"党际互动"两种资源将是进一步完善我国政党制度两个重要途径。

建国之初,中国共产党之所以保留民主党派,形成中国共产党领导的多党合作制度,其中的一个考虑就是为了让民主党派对业已执政的中共实行监督。从党际互动方面来看,建国后,中共与民主党派的党际互动并非是一帆风顺的,而是经历了两起两落的历史命运,呈现出四个发展阶段。现在应该强调要在"政党层次上"展开的相互监督。

开发"相互监督"的途径,首先是民主党派应该有目的有意识地激活自己的政党特征,这是关键所在。发挥政党作用,改变民主党派在人们心目中只是一个政治摆设的误解。

政党层次的监督应将"监督执政党的执掌政权过程中的行为"作为主要目标。当然,对于这种政党层次的监督必须要厘清三点:第一,它不像西方在野党或反对党那样为了攻击与推倒执政党,谋取自己的上台。在我国,各民主党派作为参政党,作为中国共产党的友党开展党际监督,如同诤友之间的批评或提醒那样,其目的是为了改善中国共产党的领导,防止中国共产党的失误,最终在于更有效地维护与巩固中共领导地位。第二,中国共产党领导参政党,同时允许并欢迎参政党通过监督发表批评、意见,中国共产党采纳其中合理意见,完善决策,避免失误,便有助于实现其领导,形成"中共领导参政党"与"参政党监督中共"两者之间的良性循环。第三,在中国的政治体系内不可能产生与共产党对立的政党及其它政治集团,八个民主党派均在中国共产党的领导下开展监督,因此,对担心此一举措会造成中国共产党政治资源外流是没有根据的。

按各国构建现代国家的历史经验来看,通过体制内政党政治的互动将有效推动政治文明的发展。在新的条件下制度化的党际互动将成为政策制定的主要源泉。

贺东航、刘天旭在《"相互监督"与"党际互动"——论完善我国政党制度的两个途径》(《中国特色政党制度与政治文明建设》，中央社会主义学院政党制度研究中心编)一文中提出，从目前我国的现状来看，"党际互动"之间的互动主要表现在以下二个方面：

一是透过政治协商的互动。这种协商互动内容包括：重要方针政策及重要部署，政府工作报告，国家财政预算，经济与社会发展计划，国家政治生活方面的重大事项，国家重要法律草案和国家领导人人选，国家省级行政区划的变动，群众生活的重大问题等等。

二是政策性协商互动。即根据中国共产党的文件和政策的规定，中共中央凡有重大人事任命，以及重大决策，都事先与各民主党派、各人民团体的负责人通气协商，征求意见。为了实现党际间有效的互动，我们认为，应将"党际互动"经常性、专业性和公开性。

经常性是指政党领导人之间或相关机构之间的会晤的经常性。中共与各党派领导人之间的"个别谈心"形式，虽能坚持，但往往流于"礼节性访问"，无实质性内容，且每年只在重大日子进行。"双月座谈会"基本能坚持，但大多停留在中共通报情况。

专业性指互动要有专门的机构、专门的制度、专门的程序，否则，流于形式是无法避免的事。各党可就社会福利、公共卫生、劳动政策、教育科研、立法、外交政策、财政预算、政府改革各个专业领域进行对话。

公开性是指党际之间的互动活动要公开，电视台现场直播，每一项讨论都在公众视野之下。公开性讨论机制的形成，将使中国共产党和民主党派在合作的精神下，彼此沟通、辩论、说服、协商，而让其中较佳的论证脱颖而出，成为社会可以接受的共识。

（三）民主党派与构建社会主义和谐社会

构建社会主义和谐社会，是中共十六届四中全会提出的一项重要内容。《意见》指出，坚持和完善我国社会主义政党制度能够"促进社会和谐发展"。天津社会主义学院课题组进一步探讨了中国民主党派与构建社会主义和谐社会的关系（《中国特色政党制与政治文明建设》，中央社会主义学院政党制度研究中心编）。

他们提出，首先政党是构建和谐社会的主体。"构建社会主义和谐社会"，是中共继承中国优秀传统文化并进行创新的成果，它反映了中共对共产党执政规律、社会主义建设规律和人类社会发展规律"三大规律"认识的升华。社会主义和谐社会体现了中共执政党的新理念。作为执政党的共产党和作为参政党的各民主党派是国家政治生活的重要主体，在构建社会主义和谐社会中担负着义不容辞的重要责任。政党是利益整合的工具，利益表达和整合。其次，中国政党具有承担起构建社会主义和谐社会的能力。在现代民主政治条件下，政党政治是在国家层面、社会层面两个层面上展开的。在国家层面，政党可以依据社会主义和谐社会的意识形态和价值观念提出有关社会发展总方向或基本的政策主张，确保政权在构建社会主义和谐社会的政治目标下巩固与发展；在社会层面，政党可以集聚和表达民众利益，处理好各种政治关系，争取各方面利益的满足和政局稳定。民主党派在构建和谐社会中也是可以大有可为的。各民主党派通过参政议政、民主监督促进提高决策的科学化和民主化，从民主法治建设方面保障社会的和谐；通过为经济建设服务，献计出力，从物质基础方面为促进经济社会的和谐发展服务；通过开展支边扶贫，捐款济困，开展义诊，扶助弱势群体，为构建不同社会阶层间的和谐服务；通过开展法律讲座、无偿提供法律援助和心理咨询，从精神上、观念上为培育社会的和谐服务；通过协调关系、化解矛盾平息冲突，从环境上为维护社会的和谐服务。

有学者提出构建和谐社会需要发掘参政党内在潜力：一是充分挖掘、发挥民主党派的利益整合优势；二是发挥民主党派的民主监督职能，要加强公共权力运作的规范化、制度化，坚决、有效地遏制腐败现象的蔓延；三是要扩大多党合作的边界和张力区，最大限度地增强多党合作的包容性。构建社会主义和谐社会，要求执政党建立健全以利益调节为核心的公正的社会整合机制，建立健全规范的社会协商和对话机制，引导各个社会利益群体理性、合法、有序地表达自己的利益诉求，妥善处理好各方面的利益关系、利益矛盾。我国的多党合作的政党制度，其制度设计本身具有强大的利益整合功能。

有的地方社会主义学院专门就这个问题组成课题组做了调查研究。调查结果显示，民主党派早已用行动证明了在构建和谐社会服务中，可以大有作为，能够为构建和谐社会发挥出有别于党政部门的、不可替代的作用。

经过调研分析，得出民主党派为构建和谐社会服务有以下特点：

第一，政治参与的角度有所不同。

有的党派负责人说，我们过去非常注意与党委和政府保持一致，而忽略了有些决策是否科学，是否真正符合人民的利益，构建和谐社会，民主党派参政议政要把政治上保持一致与切实提出有价值的意见、建议统一起来。"我们履行政治协商、民主监督、参政议政的职能，要真正对历史负责，对人民负责，敢于坚持正确的意见。"

第二，民主党派显现非权力参与特色。

有时权力部门不便直接出面解决的问题，民主党派由于位置相对超脱，好讲话、好沟通，同时作为参政党既能得到党政部门的信任，又能依靠威望被相关群众所接受，易于协调矛盾、沟通关系、拿出双方都能接受的解决方案，以化解矛盾、平息冲突。

第三，民主党派的"政治资源"有利于化解不稳定因素。

主要体现在三个方面：一是民主党派成员分布广泛，能够比较及时全面地反映信息，成为帮助党和政府全方位捕捉不稳定因素的信息源。二是民主党派作为参政党具有为党和政府分忧的责任感，健全的党派机关工作机制有能力对收集的信息进行去粗取精、去伪存真的分析筛选，根据轻重缓急送达党政相关部门。三是各民主党派有与党政主要领导人联系沟通的"直通车"。中共天津市委规定，民主党派副主委以上领导向市委市政府反映的意见和要求，分管书记或市长要给予答复。执政党与参政党领导对影响稳定的重大问题直接沟通共同研究，易于制定解决问题的方案，最大限度地化解不稳定因素。

第四，民主党派在奉献于社会的同时也提升了自身。

民主党派为构建和谐社会服务也是加强参政党思想建设的过程，党派成员通过参加构建和谐社会服务的活动，接触了最基层的情况，最贫苦的群众，认识了国情，了解到解决具体问题的艰辛。他们在活动中自己教育自己，获得了很大的启示。他们自己参与其中，获得了成就感，在奉献社会的同时也净化了灵魂，消除了自己和部分人认为民主党派是摆设、是花瓶的认识，进一步深化了对中国共产党领导的多党合作政治协商制度的认识，增强了民主党派意识。

民主党派为构建和谐社会服务是加强参政党组织建设的途径之一。它为民主党派开辟了一个新的领域，可以给予更多的党派成员为社会作贡献提供空间，给党派基层组织活动增添了内容，增加了色彩，增强了基层组织活动的吸引力和凝聚力。民主党派为构建和谐社会服务也是培养锻炼考察干部的过程，一批成员无私奉献，积极发挥特长，新的党派骨干队伍在实践中成长起来。

（四）关于民主党派进一步发展问题的探讨

鲁开垠在《建设中国高素质参政党的内涵探讨》(《中国特色政党制度与政治文明建设》，中央社会主义学院政党制度研究中心编) 一文中提出，我国民主党派必须具备以下六个方面的内涵：高素质参政党必须是具有全局观、具有自身的特色的参政党，具有主动性、具有科学发展观的参政党，是善于加强自身建设的参政党，是一种学习型的参政党。

所谓全局性即参政党要紧紧围绕中心，服务大局，政治坚定，贡献力量。所谓参政党具有自身的特色，这种特色体现在：一是与执政党的区别，二是各参政党之间的相互区别。

所谓主动性就是作为与中国共产党通力合作的参政党，要以高度的历史使命感和责任感，充分发挥参政议政作为民主党派的这一重要职能，主动的做好参政议政，把参政议政视为参政党的第一任务。不认真履行参政议政职责，民主党派就不成为参政党。而主动性是使参政议政得以有效实施的前提。毛泽东在阐述有了理论就有了自己的主动性这个论点时指出，主动性是一个政党必不可少的基本性能，是一个政党能否保持和增强生命力的关键所在。简单地说，一个政党如果没有主动性，就不可能生存和发展。参政党参政议政的主动性如何，直接影响到参政党的参政地位，参政议政越主动越有作为，参政议政不主动就无所作为。参政党参政议政的主动性体现在参政议政的行动是否积极，参政议政的力度是否大，参政议政的质量是否高，参政议政的社会影响是否好，是否创造性地开展参政议政活动。

所谓具有科学发展观的参政党是指，坚持科学的发展观是一项系统工程，执政党要坚持，参政党也要坚持。参政党的每一级组织和成员在树立和落实科学的发展观方面都负有不可推卸的责任，必须从提高参政党各级干部和全体成员的思想观念入手，把这一发展观贯彻到每一个地区的基层组织中去。在基层第一线工作的党派成员，在研究和开展经济工作时，要发扬民主党派追求科学、崇尚自然、主张和谐的人文精神和传统，更加自觉地以科学发展观为指导，组织党内的专家学者、行家里手开展调查研究，为现代化建设出谋划策，提供决策的科学依据。对一些重大决策进行追踪调查研究，为党和政府进行追踪决策提供帮助，在参政议政、建言献策、民主监督方面扎扎实实地为发展这个"第一要务"作出新贡献。

所谓善于加强自身建设的参政党是指民主党派参政兴国首先要加强参政党自身建设，这是形势发展的客观要求。民主党派在中国民主革命时期为新中国的建立作出了较大的贡献，建设有中国特色的社会主义新中国的伟大事业是前人未曾经历过的，在社会主义现代化建设中必然有许多难题、新题、困境，有不少老问题要再认识，有不少新问题要创新改革，适应这一形势，参政党当务之急是要不断提高自身的素质和能力。

所谓是学习型的参政党，即指进入新的世纪，在新形势下，建设学习型参政党是迎接新机遇、新挑战的必然选择，是加强参政党自身建设，更好地履行参政党职能，提高参政议政能力和民主监督水平的需要，也是提高民主党派成员和民主党派机关工作人员理论水平及政治、业务素质的需要。

还有学者提出，民主党派各级领导要带头学习，要在各级组织和机关中形成渴求知识、追求理想、积极向上的风气。要开展多种形式的学习培训活动,提倡学以致用,讲求实效的务实精神。民主党派机关要探索建立各种鼓励学习的制度和措施,解决和落实投入机制,为搞好学习提供必要的物质保障;解决和落实措施机制,为搞好学习提供必要的制度保障;解决和落实激励机制,为搞好学习提供必要的动力保障。

(五) 关于加大参政党建设理论研究力度的问题

多党合作作为基本政治制度,其成熟的理论成果和实践经验已经吸收到新文件中,同时这一制度中关于参政党的问题还有许多需要继续深入研究的课题和需要逐步完善的内容,因此,需要我们进一步拓展理论视野,深化参政党建设的理论内涵。一些当前要解决的理论问题需要加大研究力度:比如随着众多政治组织的出现,如何为这些政治组织的政治参与、政治诉求提供制度化渠道?是否要把他们纳入多党合作和政治协商的范围,以何种形式纳入。对这些问题,需要有前瞻性研究,并纳入政党制度的总体设计框架,才能未雨绸缪,使我国参政党建设理论走向成熟,成为能适应社会环境的变化,不断为参政党实践提供理论指导和精神支持的较成熟的理论系统。

(郑宪)

四、执政党活动纪要

2005年，在以胡锦涛同志为总书记的中共中央的领导下，全党全国各族人民同心同德，奋发努力，推动经济建设、政治建设、文化建设、社会建设和党的建设取得新的进展，我国改革开放和社会主义现代化建设取得显著成就。国防和军队现代化建设取得了新进展。加强了内地同香港、澳门的交流合作，保持了香港、澳门繁荣稳定。加强了两岸交流合作、反对和遏制了"台独"分裂势力及其活动，推进祖国完全统一进程。

（一）经济建设

坚持贯彻落实科学发展观，加强和改善宏观调控，使国民经济呈现增长较快、效益较好、价格平稳、活力增强的态势，各项社会事业不断发展，我国的经济实力和综合国力进一步提高，人民生活继续改善。

1月31日，《人民日报》发表《中共中央国务院关于进一步加强农村工作提高农业综合生产能力若干政策的意见》。

2月11日，中共中央总书记、国家主席、中央军委主席胡锦涛春节期间到贵州考察工作并强调，各级党委和政府要坚持以邓小平理论和"三个代表"重要思想为指导，全面落实科学发展观，始终把最广大人民的根本利益作为一切工作的出发点和落脚点，继续推动社会主义物质文明、政治文明、精神文明建设与和谐社会建设全面发展。

2月27日，中共中央政治局召开会议，研究促进中部地区崛起工作。中共中央总书记胡锦涛主持会议。会议指出，促进中部地区崛起，是党中央、国务院继作出鼓励东部地区率先发展、实施西部大开发、振兴东北地区等老工业基地战略后，从我国现代化建设全局出发作出的又一重大决策，是落实促进区域协调发展总体战略的重大任务。

4月15日下午，中共中央政治局进行第二十一次集体学习，中共中央总书记胡锦涛主持。他强调，只有坚持以科学发展观统领经济社会发展全局，从新世纪新阶段我国经济社会发展的阶段性特征出发，理清发展思路，创新发展模式，提高发展质量，夯实发展基础，增强发展后劲，才能更好地推动社会主义经济建设、政治建设、文化建设与和谐社会建设全面发展。

5月31日，中共中央政治局召开会议，研究和部署进一步加强民族工作、加快少数民族和民族地区经济社会发展。中共中央总书记胡锦涛主持会议。会议审议了《中共中央、国务院关于进一步加强民族工作、加快少数民族和民族地区经济社会发展的决定》稿。

5月31日下午，中共中央政治局进行第二十二次集体学习，中共中央总书记胡锦涛主持。他强调，在新世纪新阶段，我们要紧紧抓住和切实用好重要战略机遇期，实现全面建设小康社会的宏伟目标，必须继续毫不动摇地实施对外开放的基本国策。要从树立和落实科学发展观的战略高度，立足国情，扬长避短，趋利避害，坚持用全球战略眼光观察和谋划国内发展和对外开放，努力实现我国经济社会又快又好地发展。

7月26日，中共中央在中南海召开党外人士座谈会，就当前经济形势和经济工作听取各民主党派中央领导人、全国工商联领导人和无党派人士的意见和建议。中共中央总书记胡锦涛主持座谈会并发表重要讲话。他指出，要坚定不移地落实科学发展观，把握好稳定政策、分类指导、调整结构、深化改革、协调发展的原则，切实把工作的着力点放在调整经济结构、转变增长方式、深化体制改革、促进协调发展上，认真解决经济运行中存在的突出矛盾和问题，实现全年经济社会发展的预期目标，为"十一五"时期的发展奠定坚实基础。

9月29日，中共中央政治局召开会议，讨论十六届四中全会以来中央政治局的工作，研究制定国民经济和社会发展第十一个五年规划的建议等问题。中共中央总书记胡锦涛主持了会议。中共中央政治局听取了《中共中央关于制定国民经济和社会发展第十一个五年规划的建议》稿在党内外一定范围征求意见的情况报告，决定根据这次会议讨论的意见进行修改后将文件稿提请十六届五中全会审议。

10月8日至11日，中国共产党第十六届中央委员会第五次全体会议在北京举行，会议通过《中共中央关于制定国民经济和社会发展第十一个五年规划的建议》。《建议》共分十个部分：一、全面建设小康社会的关键时期；二、全面贯彻落实科学发展观；三、建设社会主义新农村；四、推进产业结构优化升级；五、促进区域协调发展；六、建设资源节约型、环境友好型社会；七、深化体制改革和提高对外开放水平；八、深入实施科教兴国战略和人才强国战略；九、推进社会主义和谐社会建设；十、全党全国各族人民团结起来为实现"十一五"规划而奋斗。

此前，中共中央在中南海召开党外人士座谈会，就中共中央关于制定国民经济和社会发展第十一个五年规划的建议听取各民主党派中央、全国工商联的领导人和无党派人士的意见和建议。

11月24日，中共中央在中南海召开党外人士座谈会，就经济工作听取各民主党派中央、全国工商联的领导人和无党派人士的意见和建议。中共中央总书记胡锦涛主持座谈会并发表重要讲话。

11月25日，中共中央政治局召开会议，分析当前经济形势，研究2006年经济工作，讨论深化文化体制改革工作。中共中央总书记胡锦涛主持会议。

11月29日至12月1日，中共中央、国务院在北京召开中央经济工作会议。胡锦涛在会上发表重要讲话，全面分析了当前的国际国内形势，全面总结了2005年的经济工作，深入分析了"十五"时期经济社会发展工作的成就及取得的重要认识和经验，明确提出了2006年经济工作的指导思想、总体要求和主要任务。温家宝在讲话中着重全面分析了当前我国经济形势，阐述了明年经济社会发展主要预期目标和需要解决的重点问题，具体部署了明年的经济工作。

12月13日至15日，中共中央总书记、国家主席、中央军委主席胡锦涛在青海省考察工作时强调，坚持立党为公、执政为民，坚持以人为本、全面协调可持续的科学发展观，坚持发展为了人民、发展依靠人民、发展成果由人民共享，切实解决人民群众最关心、最直接、最现实的利益问题。

12月20日，中共中央政治局召开会议，研究推进社会主义新农村建设工作，研究部署2006年党风廉政建设和反腐败工作。中共中央总书记胡锦涛主持会议。

12月28日至29日，中央农村工作会议在北京举行。会议以邓小平理论和"三个代表"重要思想为指导，全面落实科学发展观，认真贯彻党的十六大和十六届三中、四中、五中全会以及中央经济工作会议精神，总结2005年农业和农村工作，研究"十一五"期间推进社会主义新农村建设，全面部署了2006年农业和农村工作。

（二）政治建设

加强社会主义民主法制建设，进一步加强人民代表大会制度建设，进一步加强中国共产党领导的多党合作和政治协商制度建设，全面推进依法行政，巩固和发展民主团结的政治局面。

1月1日，中国人民政治协商会议全国委员会在北京举行新年茶话会。中共中央总书记、国家主席、中央军委主席胡锦涛在茶话会上发表重要讲话。胡锦涛强调，在全面建设小康社会的征程上，人民政协肩负着光荣的使命。在新的一年里，希望人民政协继续坚持以邓小平理论和"三个代表"重要思想统揽各项工作，认真贯彻中国共产党同各民主党派长期共存、互相监督、肝胆相照、荣辱与共的方针，始终高举爱国主义、社会主义的旗帜，牢牢把握团结和民主两大主题，围绕党和国家的工作大局，切实加强自身建设，不断提高政治协商、民主监督、参政议政的能力和水平，使人民政协工作真正体现时代性、把握规律性、富于创造性。要坚持把促进发展作为履行职能的第一要务，充分发挥人才荟萃、智力密集的特点和优势，深入开展调查研究，积极建言献策，协助党和政府做好团结群众、反映民意、化解矛盾、维护稳定的工作，努力为全面建设小康社会贡献力量。要广泛团结香港特别行政区同胞、澳门特别行政区同胞、台湾同胞和海外侨胞以及海内外各方面的爱国力量，支持开展全球"反独促统"活动，促进早日实现祖国完全统一。要积极主动地开展人民外交，加强同世界各国人民的友好往来和合作。

1月24日，中共中央政治局召开会议，研究加强中国共产党领导的多党合作和政治协商制度建设问题。会议讨论了《中共中央关于进一步加强中国共产党领导的多党合作和政治协商制度建设的意见（送审稿）》。会议强调，加强中国共产党领导的多党合作和政治协商制度建设，必须把发展作为多党合作和政治协商的根本任务，围绕中心、服务大局，推进社会主义物质文明、政治文明、精神文明协调发展和人的全面发展；必须坚持长期共存、互相监督、肝胆相照、荣辱与共的方针，加强同民主党派和无党派人士的合作共事，巩固同党外人士的联盟；必须深入研究多党合作面临的新情况新问题，认真总结实践中的新经验新做法，在坚持的基础上不断完善，推进中国共产党领导的多党合作和政治协商的制度化、规范化、程序化。坚持和完善我国政治制度和政党制度，推进社会主义政治文明建设，必须从我国国情出发，坚持走中国特色政治发展道路。要借鉴人类政治文明的有益成果，绝不照抄、照搬别国政治制度的模式。

《中共中央关于进一步加强中国共产党领导的多党合作和政治协商制度建设的意见（送审稿）》，在起草过程中广泛征求了各有关方面和各民主党派中央、无党派代表人士的意见。会议决定，将此稿进一步征求各民主党派中央和无党派人士意见后下发。

2月4日下午，中共中央在中南海召开党外人士迎春座谈会。中共中央就《进一步加强中国共产党领导的多党合作和政治协商制度建设的意见》文件稿进一步征求了各民主党派中央、全国工商联的负责人的意见。胡锦涛就进一步加强中国共产党领导的多党合作和政治协商制度建设提出了五点要求。第一，要坚持走中国特色社会主义政治发展道路。第二，要坚持中国共产党的领导、充分发扬社会主义民主。第三，要坚持把发展作为多党合作和政治协商的根本任务。第四，要坚持推进多党合作和政治协商的制度化、规范化、程序化。第五，要坚持执政党建设和参政党建设互相促进。

2月27日至28日，全国侨务工作会议在京召开。中共中央总书记、国家主席胡锦涛会见与会代表并发表重要讲话。胡锦涛指出，在我国全面建设小康社会、加快推进社会主义现代化的征程上，侨务工作承担着凝聚海外侨胞和归侨侨眷力量的重要任务。在中国革命、建设、改革的各个历史时期，广大海外侨胞和归侨侨眷为中华民族的独立和解放、为国家的繁荣和发展作出了重要贡献，在中华民族史册上写下了光辉的篇章。历史已经证明并将继续证明，广大海外侨胞和归侨侨眷是推进我国现代化建设、实现祖国完全统一和中华民族伟大复兴的重要力量。

3月3日，中国人民政治协商会议第十届全国委员会第三次会议在人民大会堂开幕。

3月5日上午，第十届全国人民代表大会第三次会议在北京人民大会堂开幕。

3月21日，《人民日报》摘要发表《中共中央关于进一步加强中国共产党领导的多党合作和政治协商制度建设的意见》。

4月20日，中央组织部、中央统战部、中央党校联合举办的多党合作专题研讨班结业座谈会在人民大会堂举行。中共中央政治局常委、全国政协主席贾庆林出席并讲话。他强调，要认真学习贯彻《中共中央关于进一步加强中国共产党领导的多党合作和政治协商制度建设的意见》，坚定不移地走中国特色社会主义政治发展道路，进一步加强中国共产党和各民主党派、无党派人士的团结合作，巩固和壮大最广泛的爱国统一战线，努力开创全面建设小康社会新阶段多党合作事业的新局面。

5月27日，党和国家领导人胡锦涛、温家宝、贾庆林、曾庆红、黄菊、吴官正、李长春、罗干等在北京人民大会堂会见中央民族工作会议暨国务院第四次全国民族团结进步表彰大会全体代表。胡锦涛发表重要讲话强调：民族问题始终是我们建设中国特色社会主义必须处理好的一个重大问题，民族工作始终是关系党和人民事业发展全局的一项重大工作。必须从党和人民事业发展全局的高度深刻认识做好民族工作的重要性和紧迫性，进一步增强做好民族工作的责任感和使命感，不断巩固和发展平等、团结、互助、和谐的社会主义民族关系，促进各民族共同团结奋斗、共同繁荣发展。

6月，中共中央发出通知，转发《中共全国人大常委会党组关于进一步发挥全国人大代表作用，加强全国人大常委会制度建设的若干意见》，要求各地区各部门认真贯彻执行。

9月6日下午，中共中央总书记、国家主席胡锦涛来到中国民主促进会名誉主席、著名社会学家雷洁琼家中，亲切看望这位百岁老人，代表中共中央向她表示诚挚问候和美好祝愿。

12月20日下午，中共中央政治局进行第二十七次集体学习，中共中央总书记胡锦涛主持。他强调，必须从全面建设小康社会、加快推进社会主义现代化的全局出发，从实现好、维护好、发展好最广大人民的根本利益出发，深刻认识推进行政管理体制改革的重大意义，加强研究，通盘规划，突出重点，精心部署，坚定不移地把行政管理体制改革继续推向前进。

（三）文化建设

加强社会主义精神文明建设，继续实施马克思主义理论研究和建设工程，推进文化体制改革，为经济社会发展提供了强大精神动力。

3月6日上午，中共中央政治局常委李长春在参加他所在的广东代表团审议时说，社会主义先进文化建设，为构建社会主义和谐社会提供有力的思想保证、强大的精神支撑、坚实的道德基础、良好的文化条件。要始终坚持马克思主义在我国意识形态领域的指导地位，大力弘扬以爱国主义为核心的伟大民族精神，积极推进社会主义思想道德体系建设，加快文化事业和文化产业发展，不断提高人民群众的思想道德素质和科学文化素质，不断丰富人们的精神世界、增强人们的精神力量，不断激发全社会的创造活力。

3月28上午，中共中央、国务院在北京隆重举行国家科学技术奖励大会。党和国家领导人胡锦涛、温家宝、曾庆红、黄菊、李长春出席大会并为获奖代表颁奖。

6月3日，在中国科学院学部成立50周年之际，"走中国特色自主创新之路"院士座谈会在人民大会堂举行。中共中央总书记、国家主席、中央军委主席胡锦涛亲切会见与会代表，并作了重要讲话。胡锦涛强调，当今世界，科学技术正成为经济社会发展的决定性力量，科技自主创新能力正成为国家竞争力的核心。我们一定要坚持以邓小平理论和"三个代表"重要思想为指导，全面落实科学发展观，大力实施科教兴国战略和人才强国战略，把提高自主创新能力摆在全部科技工作的突出位置，在实践中走出一条中国特色自主创新之路。胡锦涛就提高我国科技自主创新能力提出三点要求：一是要进一步确立自主创新的战略目标，二是要进一步加强国家自主创新体系建设，三是要进一步造就自主创新的人才队伍。

6月，为纪念陈云同志诞辰100周年，经中共中央批准，由中共中央文献研究室编辑的三卷本《陈云文集》，由中央文献出版社出版，即日起在全国各地发行。

6月13日上午，中共中央在人民大会堂隆重举行大会，纪念伟大的无产阶级革命家、政治家，杰出的马克思主义者，中国社会主义经济建设的开创者和奠基人之一，党和国家久经考验的卓越领导人陈云同志诞辰100周年。中共中央总书记、国家主席、中央军委主席胡锦涛发表重要讲话强调，全党全国各族人民更加紧密地团结起来，开拓进取，埋头苦干，为实现全面建设小康社会的宏伟目标，为实现中华民族的伟大复兴，继续在中国特色社会主义的广阔道路上奋勇前进。

8月14日，中共中央总书记、国家主席、中央军委主席胡锦涛参观了《伟大胜利——纪念中国人民抗日战争暨世界反法西斯战争胜利60周年大型主题展览》，他强调，我们纪念中国人民抗日战争的伟大胜利，就是要牢记历史、不忘过去、珍爱和平、开创未来。

9月3日上午，纪念中国人民抗日战争暨世界反法西斯战争胜利60周年大会，在人民大会堂隆重举行。江泽民、温家宝、贾庆林、曾庆红、黄菊、吴官正、李长春、罗干出席，吴邦国主持。中共中央总书记、国家主席、中央军委主席胡锦涛发表重要讲话强调，我们隆重纪念中国人民抗日战争和世界反法西斯战争的伟大胜利，就是要牢记历史、不忘过去、珍爱和平、开创未来，更好地推进全面建设小康社会、实现中华民族伟大复兴的光辉事业，更好地促进人类和平与发展的崇高事业。

9月3日上午,党和国家领导人胡锦涛、吴邦国、温家宝、贾庆林、曾庆红、黄菊、吴官正、李长春、罗干等,与首都各界代表1万多人来到天安门广场,向人民英雄纪念碑敬献花篮,深切缅怀在中国人民抗日战争中英勇牺牲的烈士们的光辉业绩,充分表达中国人民实现中华民族伟大复兴、促进人类和平与发展崇高事业的坚定信念。

9月3日上午,中共中央总书记、国家主席、中央军委主席胡锦涛在人民大会堂,向抗战老战士、爱国人士和抗日将领代表颁发中国人民抗日战争胜利60周年纪念章,表彰他们为中国人民抗日战争胜利建立的卓越功绩。

10月26日上午,全国精神文明建设工作表彰大会在北京人民大会堂举行。中共中央政治局常委、中央文明委主任李长春出席并讲话。他强调,要认真贯彻落实十六届五中全会精神,全面推进社会主义精神文明建设,为实现"十一五"规划,实现全面建设小康社会的奋斗目标提供强大的思想保证、精神动力和智力支持。

大会宣读了表彰决定,授予12个全国文明城市(区)、494个全国文明村镇、1001个全国文明单位和一批全国精神文明创建工作先进单位及100名全国精神文明建设先进工作者荣誉称号。受到表彰的单位和个人代表作了发言。27日,人民日报发表评论员文章,《在新的起点上开创精神文明建设新局面》。

11月25日下午,中共中央政治局进行第二十六次集体学习,中共中央总书记胡锦涛主持。他强调,建设中国特色社会主义的伟大事业,呼唤着马克思主义理论的创新和发展,也为马克思主义理论展现思想魅力和发挥指导作用创造了广阔舞台。要肩负起时代赋予的光荣使命,坚持把马克思主义基本原理同我国具体实际和时代特征紧密结合起来,不断为丰富和发展马克思主义作出新的贡献。中共中央政治局这次集体学习安排的内容是世界马克思主义研究与我国马克思主义理论研究和建设工程。

11月26日上午，中共中央、国务院和中央军委在人民大会堂举行大会，隆重庆祝神舟六号载人航天飞行圆满成功。中共中央总书记、国家主席、中央军委主席胡锦涛发表重要讲话。他强调，在全面建设小康社会、加快推进社会主义现代化的征程上，我们一定要在全社会大力弘扬载人航天精神，增强全民族的自信心和自豪感，凝聚全民族的智慧和力量，紧紧抓住发展机遇，积极应对各种挑战，战胜前进道路上的艰难险阻，不断开创中国特色社会主义事业的新局面。

12月12日，《人民日报》发表《中共中央办公厅 国务院办公厅关于进一步加强农村文化建设的意见》。

12月15日电 中共中央政治局常委李长春近日在贵州考察工作时强调，要紧紧围绕十六届五中全会精神，用科学发展观武装广大干部群众头脑，不断增强贯彻落实科学发展观的自觉性和坚定性。要按照五中全会提出的建设社会主义新农村的要求，下大气力加强农村精神文明建设，为建设社会主义新农村提供有力的思想保证和文化支持。

（四）社会建设

加强社会主义和谐社会建设，认真解决关系人民群众切身利益的实际问题，加大帮扶困难群众工作的力度，维护社会安定团结。

1月26日，中共中央政治局常委、全国政协主席贾庆林在会见《宗教事务条例》研讨班学员时强调，要以邓小平理论和"三个代表"重要思想统领宗教工作，全面贯彻党的宗教工作的基本方针，以《宗教事务条例》的颁布施行为契机，进一步提高依法管理宗教事务的能力和水平，积极引导宗教与社会主义社会相适应，推动宗教工作开创新局面。

2月19日上午，中共中央举办的省部级主要领导干部提高构建社会主义和谐社会能力专题研讨班在中央党校开班。中共中央总书记、国家主席、中央军委主席胡锦涛在开班式上作了重要讲话。他指出，构建社会主义和谐社会，是我们党从全面建设小康社会、开创中国特色社会主义事业新局面的全局出发提出的一项重大任务，适应了我国改革发展进入关键时期的客观要求，体现了广大人民群众的根本利益和共同愿望。要在推进社会主义物质文明、政治文明、精神文明发展的历史进程中，扎扎实实做好构建社会主义和谐社会的各项工作。

胡锦涛强调，各级党委和政府要加强和改善对构建社会主义和谐社会各项工作的领导，把构建社会主义和谐社会摆在全局工作的重要位置，建立有效的领导机制和工作机制，认真研究解决重大问题和突出问题，不断认识和把握新形势下和谐社会建设的特点和规律。

2月21日下午，中共中央政治局进行第二十次集体学习，这次集体学习安排的内容是努力构建社会主义和谐社会。胡锦涛在主持学习时发表了讲话。他强调，要加强对构建社会主义和谐社会重大问题的调查研究和理论研究，着力提高构建社会主义和谐社会的本领，把社会主义和谐社会建设的各项工作落到实处。胡锦涛强调，建设民主法治、公平正义、诚信友爱、充满活力、安定有序、人与自然和谐相处的社会主义和谐社会，要求我们必须提高管理社会事务的本领、协调利益关系的本领、处理人民内部矛盾的本领、维护社会稳定的本领。

2月25日上午，中共中央举办的省部级主要领导干部提高构建社会主义和谐社会能力专题研讨班在中央党校结业。中共中央政治局常委、中央书记处书记、中央党校校长曾庆红在结业式上作了重要讲话。他强调，构建社会主义和谐社会，关键在党，关键在各级领导班子。各级党委、政府和广大干部要认真学习贯彻胡锦涛同志在研讨班开班式和在中央政治局第二十次集体学习时的重要讲话，把思想统一到中央精神上来，把和谐社会建设摆到全局工作的重要位置上来，着力提高构建社会主义和谐社会的本领，扎实推进构建社会主义和谐社会的各项工作。

（五）国防和军队现代化建设

1月5日，中共中央总书记、国家主席、中央军委主席胡锦涛5日在会见武警部队党委扩大会议的全体人员时强调，要始终高举邓小平理论和"三个代表"重要思想伟大旗帜，把武警部队建设成为一支政治可靠的威武之师、文明之师。

3月8日，第十届全国人民代表大会第三次会议决定：接受江泽民辞去中华人民共和国中央军事委员会主席职务的请求。

3月13日，胡锦涛在十届全国人大三次会议第四次全体会议上当选为中华人民共和国中央军事委员会主席。

3月13日下午，共中央总书记、国家主席、中央军委主席胡锦涛在十届全国人大三次会议解放军代表团全体会议上发表重要讲话。他强调，全军同志要正确认识形势，坚决履行新世纪新阶段我军的历史使命，牢固树立大局意识，大力弘扬求真务实精神，把军队建设和改革的各项工作落到实处，努力开创国防和军队现代化建设的新局面，为全面建设小康社会贡献力量。

四、执政党活动纪要

4月,中央军委召开保持共产党员先进性教育活动民主生活会。中共中央总书记、国家主席、中央军委主席胡锦涛主持会议,并作了重要讲话。大家指出,开展保持共产党员先进性教育活动,关键是要取得实效。对军队来讲,就是要把先进性要求落实到高举旗帜、听党指挥,推进中国特色军事变革,做好军事斗争准备,加强部队全面建设的实际行动中。要切实加强和改进思想政治工作,不断增强针对性和实效性;继续加紧推进军事斗争准备,确保能够有效履行使命;深入扎实地开展军事训练,着力提高部队信息化条件下的整体作战能力;按照"五句话"总要求和《军队基层建设纲要》,扎实做好抓基层、打基础的工作,促进基层建设全面进步、全面过硬。

5月,根据党中央和中央军委对保持共产党员先进性教育活动的要求和安排,中央军委领导近期分别到先进性教育活动的联系点了解情况,进行具体帮助指导,推动教育活动深入开展。军委领导在调研时强调,进入新世纪新阶段,我军所处的国际国内环境和肩负的历史使命发生了重大变化,新形势新使命对国防和军队建设提出了新要求。全军部队一定要紧密团结在以胡锦涛同志为总书记的党中央周围,坚持高举邓小平理论和"三个代表"重要思想伟大旗帜,深入贯彻江泽民国防和军队建设思想,牢固树立和落实科学发展观,按照胡锦涛主席和中央军委关于搞好先进性教育活动的指示要求,紧密结合我军新世纪新阶段肩负的历史使命,在确保先进性教育质量、增强教育实效上下功夫,促进部队各项工作,努力开创军队建设和军事斗争准备的新局面。

8月12日,中共中央总书记、国家主席、中央军委主席胡锦涛出席杨业功同志先进事迹报告会并亲切会见报告团成员,号召全军广大官兵特别是党员领导干部都要向杨业功同志学习,强调要学习他忠于党和人民、使命高于一切的奉献精神；学习他勇于面对新挑战、努力学习新本领、善于开拓新局面的创新精神；学习他深入调查研究、一切从实际出发、狠抓工作落实的务实精神；学习他以身作则、清正廉洁的自律精神，为加强国防和军队建设而不懈奋斗。

（六）推进祖国和平统一工作

坚持"一国两制"、"港人治港"、"澳人治澳"、高度自治的方针，加强内地同香港、澳门的交流合作，保持香港、澳门繁荣稳定。我们坚持"和平统一、一国两制"的基本方针，实施一系列加强两岸交流合作、反对和遏制"台独"分裂势力及其活动的措施，维护台海和平，推进祖国完全统一进程。

1月28日，首都各界在人民大会堂集会，隆重纪念江泽民同志《为促进祖国统一大业的完成而继续奋斗》重要讲话发表10周年。中共中央政治局常委、全国政协主席贾庆林高度评价江泽民同志八项主张对邓小平同志关于解决台湾问题思想的新发展，指出八项主张提出了一系列具有鲜明时代特色的发展两岸关系、推进祖国和平统一进程的新思想、新论断、新政策；丰富了坚持一个中国原则的思想，发展了和平谈判的思想，赋予了两岸经济文化交流新的时代含义，深化了寄希望于台湾人民的思想，表达了海内外中华儿女希望早日完成祖国统一的共同心愿。

3月4日，中共中央总书记、国家主席、中央军委主席胡锦涛今天下午看望了参加全国政协十届三次会议的民革、台盟、台联委员，并参加联组会，听取委员们的意见和建议。胡锦涛就新形势下发展两岸关系提出四点意见：第一，坚持一个中国原则决不动摇；第二，争取和平统一的努力决不放弃；第三，贯彻寄希望于台湾人民的方

四、执政党活动纪要

针决不改变；第四，反对"台独"分裂活动决不妥协。贾庆林参加了看望和讨论。

3月5日，国家主席胡锦涛在中南海会见了来京出席全国政协十届三次会议和列席十届全国人大三次会议的香港特别行政区行政长官董建华。胡锦涛表示，"一国两制"是一项崭新的事业，需要在实践中不断探索、丰富和发展。中央政府将坚定不移地贯彻"一国两制"、"港人治港"、高度自治的方针，严格依照香港特别行政区基本法办事。希望香港同胞以香港稳定繁荣的大局为重，凝聚共识，加强团结，和衷共济，巩固和发展香港经济复苏、社会稳定的良好局面，把香港建设得更加美好。

3月14日，十届全国人民代表大会第三次会议通过《反分裂国家法》。

4月29日下午，中共中央总书记胡锦涛和中国国民党主席连战在北京举行正式会谈。胡锦涛先请连战发表关于发展两岸关系和两党交往的意见。胡锦涛就发展两岸关系提出四点主张：第一，建立政治上的互信，相互尊重，求同存异；第二，加强经济上的交流合作，互利互惠，共同发展；第三，开展平等协商，加强沟通，扩大共识；第四，鼓励两岸民众加强交往，增进了解，融合亲情。

5月12日，中共中央总书记胡锦涛和亲民党主席宋楚瑜在北京举行正式会谈。胡锦涛就当前改善和发展两岸关系再提出四点看法：第一，坚持体现一个中国原则的"九二共识"，确立两岸关系和平稳定发展的政治基础；第二，推进两岸"三通"，开创两岸经济交流和合作的新局面；第三，早日恢复两岸平等对话和谈判，求同存异、扩大共识；第四，增进相互理解，密切两岸同胞的感情。

6月24日下午，国家主席胡锦涛在北京人民大会堂会见了刚刚就任的香港特别行政区行政长官曾荫权，并同他进行了亲切的谈话。

7月12日，中共中央总书记胡锦涛在北京亲切会见了新党主席郁慕明率领的新党纪念抗日战争胜利60周年大陆访问团全体成员。胡锦涛就当前发展两岸关系提出四点看法：第一，共同促进中华民族的伟大复兴；第二，坚持一个中国原则；第三，坚决反对和遏制"台独"；第四，切实照顾和维护台湾同胞的切身权益。

7月17日，中国共产党中央委员会总书记胡锦涛致电马英九，祝贺他当选为中国国民党主席。

7月23日，中国共产党中央委员会总书记胡锦涛致电宋楚瑜，祝贺他当选连任亲民党主席。

10月25日，纪念台湾光复60周年大会在北京人民大会堂隆重举行。中共中央政治局常委、全国政协主席贾庆林出席大会并发表题为《为推进祖国和平统一进程，实现中华民族的伟大复兴而努力奋斗》的重要讲话。

（七）党的建设

加强党的执政能力建设和先进性建设，扎实开展保持共产党员先进性教育活动，党的建设取得新的成效。

1月5日，中共中央保持共产党员先进性教育活动工作会议在北京召开。会上，中共中央政治局常委、中央书记处书记曾庆红作了重要讲话。他强调，在全党开展保持共产党员先进性教育活动，是党中央作出的一项重大决策，是坚持用"三个代表"重要思想武装全党的一个重大举措，是实现全面建设小康社会宏伟目标的重要保证，是推进党的建设新的伟大工程的一项基础工程。各级党委要深刻认识开展这次集中教育活动的重大意义，切实加强组织领导，务求取得扎扎实实的成效。

四、执政党活动纪要

1月10日,《人民日报》第一版发表《中共中央关于在全党开展以实践"三个代表"重要思想为主要内容的保持共产党员先进性教育活动的意见》,《意见》的主要内容是:开展先进性教育活动的重要性和必要性、开展先进性教育活动的指导思想和目标要求、开展先进性教育活动的指导原则、开展先进性教育活动的总体安排和方法步骤、加强对先进性教育活动的组织领导等五个方面。

1月11日,中共中央总书记胡锦涛在中央纪律检查委员会第五次全体会议上发表重要讲话。他强调,反腐倡廉能力,是党的执政能力的重要体现,是巩固党的执政地位的重要保证。各级党委和政府都要增强忧患意识,做到居安思危,从提高党的执政能力、巩固党的执政地位的战略高度进一步认识做好反腐倡廉工作的极端重要性,始终把反腐倡廉作为一件大事来抓,始终旗帜鲜明、毫不动摇地反对腐败。

1月14日,中共中央总书记胡锦涛在新时期保持共产党员先进性专题报告会上作了重要报告。他强调,先进性是马克思主义政党的根本特征,也是马克思主义政党的生命所系、力量所在。党的先进性建设是马克思主义政党自身建设的根本任务。开展党的先进性建设,就是要使党的理论和路线方针政策顺应时代发展的潮流和我国社会发展进步的要求、反映全国各族人民的利益和愿望,使各级党组织不断提高创造力、凝聚力和战斗力、始终发挥领导核心作用和战斗堡垒作用,使广大党员不断提高自身素质、始终发挥先锋模范作用,使我们党保持与时俱进的品质、始终走在时代前列,不断提高执政能力、巩固执政地位、完成执政使命。

1月16日,中共中央发出《关于印发〈建立健全教育、制度、监督并重的惩治和预防腐败体系实施纲要〉的通知》。

1月18日,中共中央政治局常委胡锦涛、吴邦国、温家宝、贾庆林、曾庆红、黄菊、吴官正、李长春、罗干等领导同志，以普通党员的身份在听众席上认真听取了牛玉儒同志先进事迹报告。胡锦涛强调，牛玉儒同志是党的好干部，我们大家都要向他学习。这次专场报告会，是胡锦涛总书记提议、中共中央政治局常委会决定举行的，是中共中央政治局常委参加保持共产党员先进性教育活动的第二场重要活动。

1月24日下午，中共中央政治局进行第十九次集体学习，中共中央总书记胡锦涛主持。他强调，加强党的先进性建设，提高党的执政能力，最终要落实到实现好、维护好、发展好最广大人民的根本利益上来。这是衡量党的一切工作是非得失的根本标准，也是衡量党的先进性的根本标准。他指出，党的先进性建设是关系马克思主义政党生存发展的根本性问题，是马克思主义政党自身建设的根本任务。我们党要始终保持先进性，就必须顺应时代的发展和人民的要求，自觉、主动、持续地推进先进性建设，努力使党的全部理论和工作体现时代性、把握规律性、富于创造性，使我们党始终与时代发展同步伐、与人民群众共命运。

2月22日上午，中共中央在中南海召开党外人士座谈会，就中共中央政治局常委开展保持共产党员先进性教育活动，听取各民主党派中央、全国工商联的领导人和无党派人士对中共十六大以来中共中央政治局常委会工作的意见和建议。

各地广大干部群众对中共中央政治局常委为搞好自身的先进性教育活动，分别召开座谈会听取各地各部门主要负责同志对政治局常委会工作的意见和建议，听取各民主党派中央、全国工商联的领导人和无党派人士对中共中央工作的意见和建议反响热烈。他们认为，中共中央政治局常委在先进性教育活动中坚持领导干部带头，坚持发扬党内民主，广泛听取各方面意见，自觉接受监督的做法，为各地区各部门搞好以"三个代表"重要思想为主要内容的先进性教育活动起到了很好的表率作用。

3月1日,中共中央政治局常委、中央书记处书记、中央党校校长曾庆红在中央党校春季开学典礼上发表重要讲话。他强调,以实践"三个代表"重要思想为主要内容的保持共产党员先进性教育活动,是我们党成立以来参加党员最多、规模最大的一次党内马克思主义正面教育、自我教育活动,是以党的建设新的伟大工程促进中国特色社会主义伟大事业的一次新的实践。各级党委要再接再厉、乘势推进,按照真正取得实效和建设群众满意工程的要求,进一步取得保持共产党员先进性教育活动的实践成果、制度成果和理论成果。要把先进性教育活动的成效体现在保持共产党员的先进性上,体现在提高执政本领、做好各地区各部门各单位的领导工作上。

3月1日,在国务院新闻办举行的新闻发布会上,中央保持共产党员先进性教育活动领导小组副组长兼办公室主任、中央组织部副部长欧阳淞在回答记者提问时介绍,截至2005年底,全国共产党员总数已经达到7080万人。全国目前有党的基层组织352万个,其中基层党委17万个、总支部21万个、支部314万个。

2005年,全国共发展党员247万名,其中发展35岁以下的党员198万名。全国申请入党的人数达到1767万人,发展党员数、35岁以下党员数以及去年全国申请入党的人数均比上年有了一定比例的增长。

3月,中共中央印发了《干部教育培训工作条例(试行)》,并发出通知,要求各地区各部门认真贯彻执行。通知指出,《干部教育培训工作条例(试行)》的颁布实施,是加强和改进干部教育培训工作的一个重要举措,对于培养和造就高素质的干部队伍,推动学习型政党、学习型社会建设,加强党的执政能力建设和先进性建设,都具有十分重要的意义。

3月16日，中共中央总书记、国家主席、中央军委主席胡锦涛给中国浦东干部学院、中国井冈山干部学院、中国延安干部学院发去贺信，祝贺三所干部学院建成并正式开学；强调大规模培训干部，大幅度提高干部素质，提高领导社会主义现代化建设的本领。

3月中旬至4月下旬，按照中共中央政治局常委参加以实践"三个代表"重要思想为主要内容的保持共产党员先进性教育活动的安排，中共中央政治局常委分别到各自参加先进性教育活动的联系点了解情况、调查研究，指导先进性教育活动。中共中央总书记胡锦涛在调研时强调，我们党要永远保持生机和活力，始终经得起各种风浪的考验，始终成为中国特色社会主义事业的坚强领导核心，就必须坚持不懈地加强党的先进性建设。

4月15日，中共中央政治局召开会议，听取中央政治局常委参加保持共产党员先进性教育活动民主生活会情况的通报。中共中央总书记胡锦涛主持会议。

5月25日，中共中央政治局常委、国家副主席曾庆红在重庆考察工作时强调，把先进性教育活动办成"群众满意工程"，在此基础上形成使党员"长期受教育，永葆先进性"的长效机制，这是党中央对教育活动提出的明确要求，也是广大群众的殷切期盼。各级党组织一定要在"提高党员素质、加强基层组织、服务人民群众、促进各项工作"上取得实实在在的成效，把办成"群众满意工程"和形成长效机制的要求真正落到实处。

11月，中共中央总书记胡锦涛就开展第三批保持共产党员先进性教育活动作出重要指示，要求农村基层党组织，结合农村实际，围绕建设社会主义新农村这个主题，有针对性地开展正面教育，解决党组织和党员队伍中存在的突出问题，解决影响改革发展稳定的主要问题，解决群众最关心的重点问题，务求取得实效。

11月28日，中央召开第三批保持共产党员先进性教育活动工作会议，认真学习贯彻胡锦涛同志的重要指示和中央政治局常委会议精神，对第三批保持共产党员先进性教育活动作出全面部署。会议指出，胡锦涛同志的重要指示，明确了农村先进性教育活动的主题、基本方针、要解决的主要问题和衡量农村先进性教育活动是否取得实效的重要标准，是搞好农村先进性教育活动的总要求，为农村先进性教育活动指明了方向。

（贾小明）

五、中国国民党革命委员会活动纪要

民革作为中国共产党领导的多党合作制度内的参政党，在 2005 年里积极履行参政党职能，高举邓小平理论伟大旗帜，努力贯彻"三个代表"重要思想和科学发展观，在全面完成"十五"任务，为"十一五"发展打好基础的大形势下，认真学习领会《中共中央关于进一步加强中国共产党领导的多党合作和政治协商制度建设的意见》精神，在加强民革自身建设，提高参政议政、民主监督水平，为社会主义现代化建设服务和促进祖国和平统一等方面做出了新的成绩。

（一）重要会议及活动

在 2005 年，民革的中央领导机构根据党章规定，通过召开中常会、中全会和全国代表会议和专门工作会议来领导全党工作，同时中央还根据 2005 年的重大事件和纪念日召开了各种形式的座谈会和

五、中国国民党革命委员会活动纪要

纪念会。

1. 中央常务委员会会议。

2005年，民革十届中央常委会根据党章规定和履行职能需要，共召开了5次会议。

3月9日，在北京召开民革十届十次中常会，以学习十届全国人大三次会议和全国政协十届三次会议精神为主题，通过了《民革十届中央常委会关于学习贯彻十届全国人大三次会议和全国政协十届三次会议精神的决议》，何鲁丽主席就贯彻落实"两会"精神，做好民革工作发表了重要讲话，会议还听取刘民复副主席兼秘书长关于中央第一季度工作情况和第二季度工作安排情况的汇报。

6月11日至13日，在四川省成都市召开民革十届十一次中常会，会议主题是深入学习贯彻《中共中央关于进一步加强中国共产党领导的多党合作和政治协商制度建设的意见》，并在《意见》精神指导下研究如何进一步加强民革后备干部队伍建设。何鲁丽在会议上作了题为《统一认识，狠抓落实，切实加强民革后备干部队伍建设》的重要讲话，民革中央副主席童傅作了关于民革后备干部队伍建设和第十届中央委员届中增选情况的报告，民革中央副主席兼秘书长刘民复作了民革中央第二季度工作情况和第三季度工作安排情况的汇报。北京、上海、湖北、四川等4个省市的民革组织主委在会上作了关于后备干部队伍建设工作经验的介绍。会议讨论了《中国国民党革命委员会第十届中央常务委员会关于加强后备干部队伍建设的意见（初稿）》，通过了有关组织工作文件。

10月15日，在北京召开民革十届十二次中常会，会议以学习中共十六届五中全会精神为主题，对中共十六届五中全会作出的重大决策表示衷心拥护，通过了《民革十届中央常委会关于学习贯彻中共十六届五中全会精神的决定》，何鲁丽主席在会上作了重要讲话。

会议还审议并通过了《民革中央关于加强民革后备干部队伍建设的意见》和其他事项,听取了民革中央副主席兼秘书长刘民复作的民革中央第三季度工作情况和第四季度工作安排情况的汇报。

11月25日,在北京召开民革十届十三次中常会,会议听取了民革中央副主席兼秘书长刘民复所作的关于民革中央2005年第四季度工作情况和民革十届四中全会、民革全国代表会议筹备情况的汇报;通过了民革第十届中常会向十届四中全会作的工作报告;通过了民革十届四中全会、全国代表会议议程草案等有关事项;听取了民革中央副主席童傅所作的关于全国代表会议代表产生和增选中央委员有关事项的说明。

11月29日,在北京召开民革十届十四次中常会,会议通过了《增选第十届中央委员会委员选举办法》、《增选第十届中央委员会委员候选人名单》和《增选第十届中央委员会委员总监票人、监票人名单》。

2. 十届四中全会和全国代表会议。

民革十届四中全会于11月26日至29日在北京召开,会议的主要内容是学习中共十六届五中全会精神,听取和审议第十届中央常务委员会工作报告,审议并通过关于增选民革第十届中央委员会委员有关事项文件草案。何鲁丽主席代表十届中常会作工作报告,报告回顾总结了2005年民革全党工作:民革全党同志以邓小平理论、"三个代表"重要思想为指导,学习贯彻科学发展观,认真学习贯彻《中共中央关于进一步加强中国共产党领导的多党合作和政治协商制度建设的意见》文件精神,进一步加强自身建设,为民革各项工作提供了有力的思想和组织保证。在2005年里,民革围绕中共十六大和十六届三中、四中全会确定的目标和任务,积极参政议政。社会服务工作进一步深化,内容更加丰富,形式更加多样,成果得到巩固。民革各级组织认真学习胡锦涛总书记在新形势下发展两岸关系的4点重要意见和《反分裂国家法》，积极开展祖统工作。报告对2006年民革全党的工作提出了要求：要认真学习贯彻中共十六届五中全会精神，以《中共中央关于进一步加强中国共产党领导的多党合作和政治协商制度建设的意见》精神为指导，大力加强自身建设；要紧紧围绕"十一五"规划的目标和任务，继续在"三农"、教育、环保、社会保障、道德建设、西部大开发、司法体制改革等问题上提出新的对策和建议；要更好地发挥民主监督作用，对不符合科学发展观、不利于改革发展稳定的现象，本着积极、认真、负责的态度，勇于提出批评和建设性的意见，协助执政党和政府科学决策；要把握形势，抓住机遇，进一步做好有关祖国统一的参政议政工作。

继民革十届四中全会，民革全国代表会议于11月29日至30日召开，会议的主要任务是完成由民革十届三中全会开始的中央领导机构届中调整，为2007年的中央换届工作打基础。会议在《关于各民主党派中央届中调整工作的协商纪要》原则指导下，根据民革章程的有关规定，经过充分酝酿、讨论和民主选举，顺利增选了18位中央委员会委员。

3. 中央中心学习组学习活动。

2005年，中央中心学习组共举行了两次重大的学习座谈活动。

3月29日，召开了中央中心学习组学习座谈会，专题学习《中共中央关于进一步加强中国共产党领导的多党合作和政治协商制度建设的意见》精神，与会同志就《意见》的深远意义和民革怎样认真学习、贯彻文件精神进行了热烈的讨论。何鲁丽主席在学习座谈会上作了重要讲话，讲话高度评价了《意见》出台的重要意义，并对民革全党认真学习贯彻落实文件精神，以文件精神为指导积极履行参政党职能、加强自身建设等工作作出明确要求。

9月15日，民革中央中心学习组召开中心学习组（扩大）学习座谈会，专题学习中共中央总书记胡锦涛同志在纪念中国人民抗日战争暨世界反法西斯战争胜利60周年大会上的重要讲话，与会同志就学习胡锦涛同志重要讲话的体会和抗日战争胜利的历史经验及其现实意义进行了热烈的讨论。何鲁丽主席在座谈会上发表的重要讲话中指出，民革全党学习胡锦涛同志的重要讲话要深入学习其中关于"中国人民抗日战争的胜利，成为中华民族走向复兴的历史转折点"这一重要论述，全面认识抗战胜利的重大意义；学习胡锦涛同志的重要讲话要深入学习其中关于抗日民族统一战线是取得抗战胜利的重要法宝的论述，不断巩固和扩大爱国统一战线，为中华民族的伟大复兴作新的贡献；学习胡锦涛同志的重要讲话要深入学习其中关于祖国统一问题的重要论述，弘扬抗战精神，坚决反对"台独"，大力推进祖国和平统一大业。

4. 中央专门工作会议。

2005年里，民革中央召开了一系列专门工作会议，通过这些会议总结经验、指导工作。

民革全国书画工作研讨会。1月10日至13日，民革中央在云南西双版纳召开了民革全国书画工作研讨会，会议总结、交流民革书画工作取得的成绩和经验，研讨新阶段民革书画工作如何在全面建设小康社会的进程中进一步为三个文明建设服务的新思路、新方法。周铁农常务副主席在会上作了重要讲话，他指出：民革的书画工作也是与民革履行参政党职能紧密相关的，书画是民革和海外人士交流的一个载体，要充分认识书画工作在民革工作中的重要位置。朱培康副主席在会上作的有关书画工作报告中指出，民革开展有组织的书画工作已有26年的历史，26年来民革的书画工作取得了很大成就。下一阶段要做好书画工作，坚持正确的方向是根本，领导重视是关键,积极开展活动是基础,选配好负责人是保证,社会效益和经济效益的相辅相成是新路径,"提倡创新,巩固发展,开展交流"是新时期做好民革书画工作的新思路。

民革全国祖统工作干部培训暨第三次特邀撰稿人工作会议。于3月30日至4月3日在广西桂林召开,会议深入学习贯彻以胡锦涛同志为总书记的中共中央在中共十六大以来提出的一系列解决台湾问题、促进祖国和平统一的主张和方针政策,和十届全国人大三次会议的《反分裂国家法》,结合中央对台工作精神,部署下一阶段民革的祖统工作,同时采取以会代训的方式对祖统工作干部和台湾研究特约撰稿人进行培训,提高民革祖统工作队伍的工作能力,以适应工作需要。

民革全国省级组织处长会议。于5月11日至16日在山东青岛召开,会议的主要内容包括:学习贯彻2004年下发的《关于进一步做好民主党派组织发展工作座谈会纪要》,总结组织发展与后备干部队伍建设工作,交流全国组织工作信息化管理工作情况,并进行有关组织工作业务培训。

民革全国宣传工作会议。于5月24日至26日在上海召开,会议的主要内容是进一步认真、学习贯彻落实《中共中央关于进一步加强中国共产党领导的多党合作和政治协商制度的意见》,研究民革学习、宣传、贯彻《意见》的各项工作,进一步提高民革宣传工作的质量和水平。

民革全国参政议政成果汇报会。于11月1日至5日在山西太原召开,会议交流和汇报了2005年民革全党参政议政的成果,同时布置了民革全党下一阶段参政议政工作的方向和任务,要求全党要以科学发展观为指导,在正确认识、准确把握经济社会发展形势的基础上,进一步增强责任意识、机遇意识,努力提高参政议政的能力和水平,紧紧围绕"十一五"规划的制定和实施,做好参政议政工作。

民革全国社会服务工作经验交流暨表彰会。于 12 月 20 日至 23 日在北京召开,会议隆重表彰了近十年来在民革社会服务工作中做出突出成绩的 103 个先进集体和 200 位先进个人并授予奖牌,6 个先进集体和 4 位先进个人在会上作了经验交流。何鲁丽主席在会上作的重要讲话中指出,社会服务工作是一项开创性工作,20 年前,民革根据党和国家工作重心的转移,适时地制定了"以服务社会主义现代化建设为中心,以促进祖国和平统一为重点"的工作方针,经过 20 多年不断开拓创新,社会服务工作在智力支边、兴教办学、举办书画社、开展"三下乡"活动、利用联系广泛的优势招商引资为地方经济建设作贡献方面,取得了显著成绩。何鲁丽主席还对民革深入开展社会服务工作提出明确要求。朱培康副主席在会上作了题为《发扬成绩,总结经验,为构建社会主义和谐社会再作贡献》的工作报告,报告回顾了民革开展社会服务工作 20 多年来取得的成就,总结了民革社会服务工作能够取得成绩的主要经验和体会。

5. 纪念抗日战争胜利 60 周年系列活动。

2005 年,是中国人民抗日战争暨世界反法西斯战争胜利 60 周年,民革中央根据《中共中央转发〈中央宣传部、中央党史研究室、解放军总政治部关于中国人民抗日战争暨世界反法西斯战争胜利 60 周年纪念活动的请示〉的通知》的精神,向各省级组织发出《关于纪念中国人民抗日战争暨世界反法西斯战争胜利 60 周年的通知》,要求全党将弘扬以爱国主义为核心的中华民族精神作为 2005 年思想建设的一项重要内容,举办好各种纪念活动。7 月,民革中央合唱团参加了在人民大会堂举办的"纪念中国人民抗日战争暨世界反法西斯战争胜利 60 周年'铭记历史'中央国家机关大型歌咏会"演出,并在河北省迁西县喜峰口录制了"纪念抗战胜利60周年特别节目",在中央电视台《激情广场》栏目播出;8月12日,民革中央与中国抗战史学会共同主办了长城抗战学术研讨会,引起多家主流媒体的高度关注,同时还举行了喜峰口长城抗战纪念碑揭幕仪式,何鲁丽为纪念碑题辞。8月23日,民革中央与全国政协、中央文史馆联合举办了"纪念抗日战争胜利60周年美术作品展",并将参展作品送山东台儿庄巡展。民革各级组织按照民革中央的工作部署,结合当地实际,发挥优势,通过座谈会、演唱会、演讲比赛、报告会、书画展、摄影图片展等各种形式,开展了丰富多彩各具特色的纪念活动。

6. 纪念和研究孙中山的有关活动。

继承和发扬孙中山爱国、革命、不断进步精神,是民革的使命,也是民革特色最根本的体现。纪念、研究和宣传孙中山,是民革义不容辞的责任,也是民革工作不可缺少的部分。3月12日,民革中央在北京中山公园中山纪念堂举行仪式,隆重纪念孙中山先生逝世80周年。5月11日至15日,民革中央孙中山研究学会与民革天津市委会联合举办了"孙中山与中华民族崛起"国际学术研讨会,取得积极成果,在海内外产生了较大影响。

7. 中央领导出访活动。

3月11日至23日,民革中央副主席朱培康率中华中山文化交流协会代表团赴台湾,参加由台湾中华花艺文教基金会主办的"2005年中华插花艺术展——诗情花意"交流活动。代表团与台湾有关政党、团体、学者及知名人士进行了广泛的接触和交流,并向他们详细介绍了《反分裂国家法》的制定和出台背景,以及大陆祖国和平统一的方针政策。

4月6日至15日,全国政协副主席、民革中央常务副主席周铁农率中华中山文化交流协会代表团赴澳大利亚访问。在访问过程中，周铁农向当地华侨华人详细深入地阐释了胡锦涛同志在全国政协十届三次会议分组讨论会上就新形势下发展两岸关系的四点重要意见以及出台《反分裂国家法》的目的和意义，得到各界人士的普遍欢迎和理解。

8月14日至23日，民革中央副主席朱培康率民革中央代表团赴奥地利、德国访问，15日在维也纳参加了"纪念世界反法西斯战争胜利60周年暨全球促进中国和平统一大会"，在会议期间朱培康副主席一行与各国侨界领袖和港澳台同胞代表广泛接触、深入交流，积极宣传大陆对台方针政策，并对新形势下开展反独促统工作等问题交换意见。代表团在德国期间与访问地华侨华人代表进行了接触和交流。

8. 各种纪念会、座谈会。

2005年迎春茶话会。1月18日，民革中央在北京举行2005年迎春茶话会，何鲁丽主席在会上发表讲话，向与会来宾致以新春问候，向港澳台同胞和海外朋友致以良好的祝愿。

学习《反分裂国家法》座谈会。3月15日，民革中央在北京召开学习《反分裂国家法》座谈会，与会同志就十届全国人大三次会议通过的《反分裂国家法》的深远意义和民革怎样在对台工作中认真宣传、贯彻《反分裂国家法》进行了热烈讨论，认为《反分裂国家法》的出台将使民革的对台工作有法可依，于法有据。何鲁丽主席在会上发表了讲话。

纪念朱学范同志诞辰100周年座谈会。6月7日，中共中央统战部和民革中央在人民大会堂联合举行座谈会，纪念我国杰出的爱国民主战士和政治活动家、第五、六、七届全国人大常委会副委员长、民革中央原主席朱学范同志诞辰100周年。贾庆林、王兆国、何鲁丽、张梅颖、倪志福等领导同志、有关方面负责同志以及朱学范同志的亲属、生前友好等出席了座谈会,周铁农主持座谈会。

《李济深全传》、《李济深画传》出版座谈会。12月15日,民革中央在人民大会堂举行《李济深全传》、《李济深画传》出版座谈会,以纪念著名的爱国民主人士、杰出的政治家和军事家、民革卓越的创始人和领导人李济深先生诞辰120周年。

(二)参政议政

2005年,民革以中共中央《意见》精神为指导,坚持以发展作为参政议政的第一要务,积极履行参政党职责,努力提高参政议政、民主监督的质量和水平,为推进社会主义民主政治、构建社会主义和谐社会,作出了新的贡献。

1. 在高层政治协商和征求意见座谈会上提出意见和建议。

2005年中共中央、国务院分别就《中共中央关于进一步加强中国共产党领导的多党合作和政治协商制度建设的意见》、《政府工作报告》、保持共产党员先进性教育活动、经济形势和经济工作、"十一五"规划的制定等重大问题举行了近二十次高层政治协商和征求意见座谈会,民革中央主要领导同志都参加了会议,并发表了意见和建议。以下是部分座谈会民革中央领导发言的情况。

2月1日,何鲁丽、周铁农同志出席国务院举行的党外人士座谈会,国务院总理温家宝主持座谈会,征求党外人士对即将提请十届全国人大三次会议审议的《政府工作报告(征求意见稿)》的意见,何鲁丽代表民革中央在会上作了发言,对报告提出具体意见。

2月4日,何鲁丽、周铁农同志参加中共中央举行的党外人士迎春座谈会,中共中央总书记胡锦涛出席会议并作了重要讲话。会上中共中央就《意见》再次征求各民主党派、全国工商联负责人的意见，何鲁丽代表民革中央作了发言。何鲁丽在发言中说，《意见》的制定和实施，对于发展社会主义民主政治，建设社会主义政治文明，充分体现和发挥我国政治制度和政党制度的特点和优势，充分发挥民主党派参政议政、民主监督作用，进一步加强民主党派自身建设，具有极为重要的现实意义和历史意义。希望中共中央大力推动《意见》的贯彻落实，希望各地制定具体措施，将文件精神落到实处，把支持和帮助民主党派加强基层组织建设作为一个工作重点。

8月16日，何鲁丽、周铁农同志参加中共中央举行的关于"十一五"规划制定征求意见座谈会，何鲁丽代表民革中央作了发言，对规划的编制工作提出四点意见。

11月22日，何鲁丽、周铁农同志参加中共中央召开的征求经济工作意见座谈会，中共中央总书记胡锦涛，政治局常委温家宝、贾庆林、曾庆红出席座谈会。何鲁丽在会上代表民革中央作了发言。

2. 以民革中央名义向中共中央和国务院提交的建议。

2005年，民革中央先后就弘扬优秀传统文化加强公民道德建设、农村产业结构调整和劳动力转移、加强法官队伍建设、乡镇体制综合配套改革、发展可再生能源、把中国第一个核武器研制基地建成红色旅游基地等问题作了专题调研，并以调研为基础，向中共中央和国务院提出建议。民革中央主要领导同志带队调研的有：

5月9日至16日，何鲁丽主席率调研组赴安徽就"弘扬优秀传统文化，加强公民道德建设，构建社会主义和谐社会"课题进行调研，对2001年中共中央颁布《公民道德建设实施纲要》后我国实施公民道德建设取得的成绩，对公民道德建设中存在的困难和问题，如一些干部思想上重经济建设轻思想道德建设，抓思想道德建设存在"上面热、中间温、基层冷"，青少年思想道德建设工作存在许多薄弱环节等问题，进行了深入调查研究，并形成十点建议上报中共中央、国务院。

7月10日至17日，何鲁丽主席率调研组赴江苏就农村产业结构调整与劳动力转移问题进行调研，就农村产业结构调整与劳动力转移提出六点建议上报中央：大力提高农村基础教育的水平和质量；加快二、三产业发展，为农村劳动力转移创造更大的就业空间；消除体制障碍，促进城乡人才的双向流动；在注重培训已转移的农村劳动力的同时，加强对留在农村的农民的专业技术培训；加大农村计划生育奖励扶助力度，进一步控制农村人口出生率；建立城乡统一的社会保障制度，让转移的农民带入城市社会。

11月6日至13日，周铁农常务副主席率领由全国政协社会法制委员会、民革中央和最高人民法院组成的联合调研组，赴贵州和广西就加强法官队伍建设和经费保障问题进行调研。调研组在实地考察中了解到，在贵州、广西等西部地区，法院工作和法官队伍建设还存在诸如经费短缺、办公条件差、工作任务重和压力大等诸多困难和问题，这些困难和问题已经严重制约了人民法院的正常工作和发展。调研结束后民革中央形成《关于加强法官队伍建设和法院经费保障工作的建议》提交中共中央、国务院。

3. 在全国政协常委会和十届三次会议上的提案和发言。

民革中央在全国政协常委会和专题研讨会上围绕构建和谐社会、制定"十一五"规划等专题积极发言，提出自己的意见和建议。在全国政协十届十次常委会上，民革中央分别作了题为《弘扬优秀传统文化，加强公民道德建设，构建社会主义和谐社会》、《完善房屋拆迁制度，维护群众切身利益》、《稳步推进司法体制改革，构建社会主义和谐社会》、《关于大力发展农村教育，促进教育公平的建议》、《深化卫生体制改革，切实解决群众看病难问题》、《建立扶贫减贫的长效机制，构建社会主义和谐社会》的6个发言。

在全国政协十届三次会议上，民革中央副主席朱培康代表民革中央作了《全面落实科学发展观，大力发展我国农村教育》的大会发言，还以民革中央名义提交了《发扬爱国主义光荣传统，致力中华民族伟大复兴》、《中华儿女团结起来，共同反对"台独"分裂势力》、《大力发展农民专业合作经济组织，是实现农业增效、农民增收的有效途径》等3个大会书面发言。民革共提出343件提案，其中以民革中央名义提出的提案12件、民革组提案2件、委员个人和联名提案329件。在这次会上，民革提案工作不但提案数量与往届相比有了较大增长，而且提案选题围绕经济社会全面协调发展的重大课题和人民群众关注的热点问题，如"三农"问题、资源节约与环境保护、区域协调发展等，具有全局性、普遍性、前瞻性特点，既有对情况的深入调研和分析，又有切实可行的具体建议和对策。其中民革中央《抓住机遇，实施中部"大三角"战略，促进中部大崛起》的提案被全国政协确定为重点提案。

4. 参政议政专题研讨会和工作会议。

民革中央先后召开了司法体制改革、金融安全与国家安全专题研讨会，经济和教科文卫委员会联席会议，就国家改革与发展中的重要问题进行研讨，为民革参政议政提供了大量素材和思路。4月8日至11日，司法体制改革专题研讨会在北京举行，与会专家学者在深入分析了当前我国司法体制和司法机关工作机制中普遍存在的问题后，结合法律工作实践就司法体制改革提出了建设性的意见和建议。7月30日至8月1日，民革中央经济和教科文卫委员会第三次联席会议在北京举行，会议研究并对专委会的工作机制进行改革，并围绕构建社会主义和谐社会的主题、国家经济形势和社会发展的重大问题、制定国家"十一五"规划问题提出了意见和建议。10月

29日至30日，金融安全与国家安全研讨会在北京举行，会议就现阶段我国金融安全的影响因素、金融风险的防范对策、金融法治建设等金融安全方面面临的问题进行了深入研讨，并提出了相应对策。

5. 民革党员在人大、政府、司法、政协任职情况和特约人员情况。

根据民革中央组织部统计，2005年，民革成员在人大、政府、司法、政协任职情况和特约人员情况如下：在人大方面，全国人大常委会副委员长1人、常委5人、代表41人，省级人大常委会副主任7人、常委36人、代表190人，市级人大常委会副主任35人、常委146人、代表548人，县级人大常委会副主任62人、常委109人、代表378人；在政府及司法机关方面，中央部级2人，地方省级1人、厅局级34人、地市级30人、县处级407人；在政协方面，全国政协副主席1人、常委22人、委员81人，省级政协副主席18人、常委186人、委员689人，市级政协副主席163人、常委723人、委员2889人，县级政协副主席173人、常委1017人、委员3092人。

民革党员担任各级特约监察员、检察员、审计员、教育督导员和土地监察专员人数为1329人，其中担任国务院和省级政府有关部门的特约人员数为198人。

6. 促进祖国和平统一工作。

为促进祖国和平统一建言献策，是民革参政议政的重要内容。民革中央在深入调研的基础上，向中共中央、国务院提交了有关加强两岸青少年交流、设立"海峡两岸人民和平合作试行区"问题的建议。在全国政协十届三次会议上，民革中央提交了关于《发扬爱国主义光荣传统，致力中华民族伟大复兴》和《中华儿女团结起来，共同反对"台独"分裂势力》的大会发言。

在为祖国统一建言献策同时，民革中央还开展了很多"请进来走出去"交流活动。在做好台湾人民工作的同时，特别加强对台湾青少年工作。为此，2月和8月，民革中央分别举办了第二届和第三届"台湾高校杰出青年赴大陆参访团"活动，以此逐渐增强台湾青少年对祖国统一的信心，为开拓渠道加强对台湾青少年的宣传工作、扩大两岸青少年交流，创新工作形式。2月25日，民革中央副主席朱培康、刘民复和原副主席李赣骝在民革中央机关会见了由台湾中国国民党中央青年部主任陈淑蓉女士率领的台湾青年学者北京交流访问团一行，民革中央各部门负责人及党员中有代表性的优秀中青年同志与台湾青年学者就近年来两岸交流活动等情况进行了座谈。3月22日，民革中央副主席刘民复、原副主席李赣骝和其他领导同志在民革中央机关接待芝加哥中华会馆访问团一行。8月19日至26日，民革中央联络部部长郑建邦等随中国和平统一促进会访问团一行，赴日"纪念中国同盟会成立100周年大会"，访问团广泛接触了当地华侨华人，在介绍当前祖国经济和政治发展概况及祖国大陆对台方针政策的同时，对日本侨界特别是新华侨华人团体进行了进一步的了解，充分体会和认识到海外华侨华人对祖国统一的热切关注。

在开展专题调研和接待出访的同时，还通过学习和培训等方式促进工作。2月3日，民革中央祖国和平统一促进会和民革北京市委会祖国和平统一促进会联合举行学习座谈会，纪念江泽民同志《为促进祖国统一大业的完成而继续奋斗》讲话发表10周年，学习贾庆林同志在首都各界纪念江泽民同志重要讲话发表10周年大会上的重要讲话，与会同志认为中央政策对两岸关系现状的定位更加明确，对台工作政策和措施更加现实和灵活，体现了新一届中央领导集体强调和谐发展、求真务实的新思维，使广大民革党员进一步理清了我国对台政策的新思路。

(三) 社会服务

2005年，民革各级组织充分发挥广大民革党员的智力优势，调动广大党员的积极性、主动性和创造性，积极探索服务社会的新形式、新方法，在巩固成绩的基础上，深化和创新社会服务工作，积极举办书画活动、引导民革党员企业家发展民营经济、开展社会咨询服务、"三引进"、"三下乡"、捐资助学、扶贫帮困等方面做了大量工作，以多种形式服务社会，为四个文明建设作贡献。民革中央社会服务部和甘肃省委会因扶贫成绩突出，在中央民族工作会议暨国务院第四次全国民族团结进步表彰大会上，作为全国民族团结进步模范集体受到表彰。

1. 智力支边扶贫工作。

2005年，民革中央在定点扶贫县——贵州省纳雍县突出抓好农民增收、人才培训和制定规划的工作，为纳雍社会经济和谐发展继续努力。民革中央先后组织5次共17名专家赴纳雍开展扶贫、调研活动，其间举办了多次专题讲座，分别针对村民、镇干部、业务局和县级领导几个层次安排专题培训讲座，培训400余人。民革中央针对纳雍县委、县政府希望专家对纳雍县"十一五"规划和县农业产业发展规划提出指导意见，联系中国农业大学组织专家为纳雍县制定了"十一五"农业发展规划，规划初稿受到了纳雍县委、政府的积极评价。协助纳雍制定发展规划是智力支边扶贫向深层次发展的重要标志，它丰富和深化了民革扶贫工作的"纳雍模式"，对培育纳雍县新的经济增长点，促进纳雍县经济社会的和谐发展产生重大影响。另外，民革中央还先后8次组织专家约60人次赴黔西南州调研考察和帮助制定发展规划,积极开展农民培训,完善培训基地建设,健全农村信息服务体系。

民革中央继续保持与云南、甘肃、宁夏等省区重点扶贫点的联系,关心、扶持和宣传这些地方的扶贫工作。

民革甘肃省委会在以回族为主的少数民族贫困地区临夏县实施的"扶羊助学工程",以实物信贷的形式扶持学习优良因贫困而辍学的少数民族女童家庭饲养小尾寒羊,实现滚动扶贫与助教相结合,使扶贫成果面不断扩大,取得了很好的效果。2月,民革中央向国务院扶贫办上报了《关于大力推广"扶羊助学工程"模式的建议》函,得到了批复,在中央和地方多方面的支持下,"扶羊助学工程"得到稳步发展。

上半年,民革云南省委会在云南省河口县民革中央直接支持建立的"中山农民科技讲习所",先后举办"农业科技培训班"、"企业管理培训班"、"家政服务培训班"三期培训班,共培训430余人,实现以面向基层农村的培训作为扶贫工作重要手段,建立起培训农民的长效机制。

8月,由朱培康副主席带队,民革中央赴宁夏永宁县回族移民"吊庄"村——闽宁镇对民革宁夏区委会与自治区民委共同实施的"中山2号工程"进行了调研。这个扶贫点在各级党委和政府的支持下,通过引入科研课题工作方式,使扶贫工作有更高的技术含量和资金支持。在"中山1号课题计划"工作的基础上,扶贫点建立和巩固了第一批50户示范户,并如期完成了滚动发展,项目进展顺利。

2. 民革全国社会服务工作经验交流暨表彰会准备工作。

为筹备2005年民革全国社会服务工作经验交流暨表彰会,社会服务部先后到北京、浙江调研社会服务工作及召开民革省级组织社会服务处处长工作会议,为召开全国社会服务工作经验交流暨表彰会做准备。4月和5月,民革中央调研组分别到浙江和北京调研,了解两地民革组织开展社会服务工作取得的成绩和经验,并听取两地对中央社会服务工作的意见和建议。7月25日至28日,民革省级组织社会服务处处长工作会议在青海西宁召开,会议以促进民革全国社会服务工作经验交流表彰会的筹备工作为目的,同时研究和部署了下一阶段的社会服务工作。

(四) 自身建设

近几年来,民革中央每年都安排一次中央常委会议,集中研究自身建设中某一个方面的问题,几年来先后专题研究了民革的思想建设、基层组织建设、领导班子建设、后备干部队伍建设问题。每次会议,都在深入调研的基础上,针对民革现状和问题,提出指导性的意见,推进民革自身建设的进一步增强。

1. 宣传和思想政治工作。

《中共中央关于进一步加强中国共产党领导的多党合作和政治协商制度建设的意见》2月份颁布后,民革以多种形式组织党员认真学习和贯彻中共中央《意见》精神。3月28日,民革中央向各省级组织下发了《民革中央关于学习贯彻中共中央〈关于进一步加强中国共产党领导的多党合作和政治协商制度建设的意见〉的通知》,要求全党将思想统一到文件精神上来,把学习贯彻中共中央《意见》精神作为当前和下一阶段民革的重要政治任务抓紧抓好。3月29日,民革中央中心学习组召开了学习座谈会,深入学习中共中央《意见》精神。民革中央领导同志带头发表文章,阐述学习感想和体会,起到表率作用。

5月下旬,民革中央在上海召开全党宣传思想工作会议,对学习、宣传和贯彻中共中央《意见》精神作出全面部署。周铁农常务副主席在会上对学习宣传贯彻中共中央《意见》提了四点意见:要全面认识文件产生的历史背景和形成条件;要深入理解和牢牢把握其精神实质,从而进一步加深对我国政党制度必然性、合理性和优越性的认识,以更大的热情积极投入到多党合作的事业中去;要以发展为第一要务,继续大力提高我们参政议政、民主监督的质量和水平;要夯实基础,练好内功,促进民革自身建设的进一步加强。2005年,为加强对民革学习贯彻中共中央《意见》的学习宣传,各地组织多数都做到了整体工作中有宣传工作的计划,在专项工作中有宣传工作的内容,加强了对宣传工作的具体领导和要求;各地宣传部门加大了对《人民日报》"议政与建言"专版、《人民政协报》"统战新闻"版的供稿数量和质量,见报率有所上升;在深度报道、专项宣传和宣传活动方面做出更多努力,出现了许多影响大、效果好的成功实例。各地自办的内部报刊,质量又有明显的提高。在各地宣传部门的大力参与和配合下,民革中央宣传部组织编写的《报国尽此心——民革中央领导人传》续集已经完成。在《人物》杂志上做的民革人物专项系列报道也正在逐期推出,宣传效果良好。

在中共中央《意见》精神的鼓舞下,为了更好地宣传中国共产党领导的多党合作和政治协商制度,民革中央由调研部负责组织力量编写出版了《中国的参政党》一书,对我国参政党的形成、性质、地位和作用以及我国政党制度的特点、优势作了比较全面的阐述。由宣传部负责组织撰写的《参政党建设理论与实践》一书,作为中国统一战线理论研究会2005年中标课题,对参政党建设的内在规律和实现途径进行了总结和探讨。这两本书,是民革学习中共中央《意见》精神的成果,对于民革加强自身建设,提高党员干部的思想政治素质，将产生良好影响。

2. 后备干部队伍建设工作。

2005年，在中共中央《意见》精神指引下，民革中央从全局和战略的高度，重点抓了后备干部队伍建设。

2月至4月，民革中央到北京、广东、山西、辽宁等省，对后备干部队伍建设的状况进行了调研，随后于5月召开了民革全国省级委员会组织处长会议，交流了后备干部队伍建设和组织发展工作的情况，研究和部署了有关工作。在深入调研的基础上，6月召开的民革十届十一次中常会就后备干部队伍建设问题进行了专题研讨和工作部署，10月召开的第十二次中常会审议通过了《民革中央关于加强后备干部队伍建设的意见》，对加强后备干部队伍建设作出明确规定，要求各级组织把后备干部队伍建设作为关系多党合作事业发展全局的一项基础性、战略性任务抓紧抓好。各省级组织按照民革中央的部署和要求，将后备干部队伍建设摆在突出位置，列入重要议事日程，工作取得了新的进展。各级组织普遍增强了做好后备干部队伍建设工作的责任感和紧迫感，积极争取中共党委的支持和帮助，把后备干部队伍建设与组织发展相结合，加强了党员的教育和培训，实行动态管理，不仅重视推荐和选拔，而且更重视实践锻炼，一些省市取得了比较明显的成效。

3. 组织发展工作。

2005年，民革的组织发展工作稳步向前推进，共发展新党员4337人，党员总数达到77952人，党员年龄和知识结构得到进一步改善，综合素质进一步提高。广大党员立足本职，胸怀大局，努力工作，为社会主义现代化建设与构建和谐社会作出了成绩。其中雷达、刘斌、董良瀚、康凤英、唐彪、程天富、刘学芳、吴少东同志因成绩突出荣获国家级表彰，分别被授予全国民族团结进步模范个人、全国先进工作者、全国劳动模范的光荣称号，树立了民革党员的良好形象。

（吴先宁、葛瑄）

六、中国民主同盟活动纪要

2005年，中国民主同盟各级组织和广大盟员认真学习邓小平理论和"三个代表"重要思想，学习贯彻《中共中央关于进一步加强中国共产党领导的多党合作和政治协商制度建设的意见》（以下简称《意见》），把发展作为参政议政的第一要务，从落实科学发展观、构建和谐社会的要求出发，全面推进民盟的自身建设，努力提高民盟的参政能力，积极履行参政党职能，各项工作取得了可喜的成绩。

（一）重要会议及活动

1月20日，张梅颖常务副主席出席中央统战部在重庆红岩革命纪念馆广场举行的全国统一战线传统教育基地挂牌仪式，并代表各民主党派中央讲话。

3月9日，民盟九届十一次中常会于在北京举行。会议通过了《民盟中央关于学习贯彻十届全国人大三次会议和全国政协十届三次会议精神的决定》。丁石孙主席主持会议。高拴平秘书长汇报了自上次中常会以来民盟中央的主要工作。会议通过了《民盟中央关于学习贯彻十届全国人大三次会议和全国政协十届三次会议精神的决定》，还通过了人事任免事项。

3月30日，常务副主席张梅颖，副主席吴正德，秘书长高拴平等出席了由中共重庆市委和民盟中央在重庆举行的《民主的求索者——张澜》一书首发式。首发式后，常务副主席张梅颖前往歌乐山烈士陵园凭吊，并向烈士墓敬献花篮。3月30日至4月3日，常务副主席张梅颖出席了张澜先生故居正式开放仪式、张澜先生铜像落成揭幕仪式，为张澜图书馆开馆揭幕，还视察了黑龙凼水库复建工程的进展情况。

4月17至19日，民盟参政议政工作会议在苏州召开。常务副主席张梅颖，副主席李重庵，秘书长高拴平，江苏省政协副主席、民盟江苏省委主委曹卫星等领导出席会议。张副主席就做好参政议政工作发表讲话。会议就全盟参政议政课题进行了招标，与会代表研究部署了2005年参政议政工作，并听取了有关信息工作的辅导报告。

4月24日，民盟中央名誉主席费孝通同志因病在北京逝世，享年95岁。4月29日，费孝通同志遗体送别仪式在北京八宝山革命公墓大礼堂举行。胡锦涛、温家宝、贾庆林、曾庆红等国家领导人到八宝山送别费老。民盟中央全体人员、民盟各级组织分别以各种形式向费老的逝世表示哀悼。

5月31日至6月1日，民盟九届十二次中常会于在浙江宁波举行。会议主要内容是：学习贯彻《意见》精神，坚定不移地走中国特色政治发展道路；推进民盟的参政能力建设，为落实科学发展观、构建社会主义和谐社会、全面建设小康社会贡献力量。常务副主席张梅颖代表丁主席作了题为《深刻领会〈意见〉精神努力提高参政

能力 坚持中国特色政治发展道路》的主题报告。高栓平秘书长汇报了民盟中央近期的工作。副主席冯之浚作闭幕讲话。会议还通过了人事任免事项。

5月31日至6月1日,民盟多党合作理论研讨会在浙江宁波举行,民盟中央领导、各省级组织主委、理论研究部门负责人和特邀人员近70人参加会议。副主席冯之浚作开幕讲话。与会同志探讨了《意见》在理论政策方面的创新发展,交流了盟内理论研究的经验。会议收到了论文及经验交流材料近百篇,会后已结集出版。

6月16日,常务副主席张梅颖在沪考察期间,参加了民盟上海市委召开的"科教兴国,振兴中华"盟员座谈会。民盟中央副主席、民盟上海市委主委张圣坤,民盟中央名誉副主席江景波等出席了座谈会。

6月23日,常务副主席张梅颖,副主席冯之浚、李重庵,秘书长高栓平出席民盟中央宣传部、中央统战部宣传办及群言出版社在人民大会堂举办的《新世纪民盟思想政治工作通论》首发式。

7月3日,应民盟中央副主席、民盟上海市委主委张圣坤的邀请,副主席冯之浚到民盟上海市委,为上海盟员作了题为《循环经济与文化模式》的报告。

7月4日,常务副主席张梅颖与群言出版社、民盟中央文化委员会的同志一行考察了北京市海淀寄读学校,向学校师生赠送了由群言出版社出版的系列优秀图书,张副主席鼓励学生们要找回自尊、自信,立志成才。

7月14日,民盟中央在全国政协礼堂召开《群言》杂志创刊20周年纪念座谈会。主席丁石孙,常务副主席张梅颖,《群言》杂志主编、副主席袁行霈出席座谈会并讲话。座谈会由副主席王维城主持。《群言》杂志的作者、读者及相关单位负责人近200余人出席会议。

8月28日至29日，为纪念中国人民抗日战争暨世界反法西斯战争胜利60周年，由中共中央统战部、中共重庆市委、中共党史学会联合举办的"抗日民族统一战线与抗日战争胜利学术研讨会"在重庆举行。名誉副主席吴修平代表民盟中央出席会议。在渝期间，吴修平还参观了全国统战传统教育基地红岩村展厅和民盟的发祥地"特园"。

8至9月间，民盟中央领导同志出席了"纪念中国人民抗日战争胜利暨世界反法西斯战争胜利60周年大会"，参加了各种纪念会、座谈会、研讨会等，参观了书画作品展览。在"统一战线各界人士纪念中国人民抗日战争胜利60周年理论研讨会"上，常务副主席张梅颖代表八个民主党派中央作了大会发言。民盟中央领导同志和机关干部参观了中国人民抗日战争纪念馆。

9月间，中共中央统战部副部长陈喜庆率统战系统12家出版社一行17人赴西部地区四川省捐赠优秀图书，建立"心桥图书馆"。图书捐赠仪式上，群言出版社代表12家出版社讲话。此次12家出版社共联合捐赠了价值200多万元的15多万册优秀图书，包括政经文史等各个方面。

9月5日至7日，副主席冯之浚、张宝文、索丽生，名誉副主席厉以宁，民盟中央经济与区域发展委员会主任郑功成应邀在全国政协主办的"21世纪论坛"2005年会议上发表专题演讲。

9月25日至26日，中原经济区成立20周年庆祝大会暨中部崛起与中原经济区发展战略论坛在河北邯郸举行。副主席冯之浚，河北省副省长、民盟河北省委主委龙庄伟应邀出席会议。中原经济区是在费孝通、钱伟长、冯之浚等人的积极策划和参与下于1985年成立的，他们同时担任了经济区顾问。20年来，民盟始终关注区域内经济的协调快速发展，发挥了积极的作用。

9月26日至27日，民盟九届十三次中常会于在北京举行。会议的主要任务是：认清当前全盟后备干部队伍建设面临的形势和任务，增强责任感和使命感，切实转变观念，健全机制，进一步落实"人才强盟"战略，为2007年的换届做好组织准备，为盟的事业发展提供充足的人才保证。主席丁石孙主持开幕会，常务副主席张梅颖代表丁主席作了题为《明确形势 转变观念 健全机制 努力建设一支高素质后备干部队伍》的主题报告，副主席冯之浚主持闭幕会。

10月12日，由国家发改委主办的国家高技术产业化示范工程、国家生物产业基地授牌大会暨生物产业发展论坛在深圳举行。全国政协副主席、民盟中央常务副主席张梅颖出席会议，为获得国家高技术产业化示范工程的企业和三个国家生物产业基地授牌。张副主席在论坛上发表了演讲。国家有关部委领导同志、专家学者及企业代表参加了授牌大会和论坛演讲。

10月28日，常务副主席张梅颖一行与天津各大学分管党派工作的书记和统战部部长进行了座谈。民盟天津市委主委俞海潮，中共天津市委统战部副部长朱勇及南开大学、天津大学、天津科技大学、天津理工大学、天津师范大学、财经大学等7所大学分管书记、统战部部长等参加了座谈。

11月12日，由民盟中央经济和区域发展委员会参与主办的"农业互助保险与产业扶贫"座谈会，在北京房山区惠翔农业园召开。副主席李重庵出席座谈会并讲话。会议以建立政策性农业保险制度为主线，以"产业扶贫拉动农业增收、互助保险制动农民返贫"为话题，多角度地探讨了我国农业保险事业发展的政策、体制、机制和办法。出席座谈会的还有国务院扶贫办、国家发改委、财政部等单位的代表。

11月25日至28日，民盟社会服务工作研讨会在广西桂林召开。

本次会议的主题是总结交流民盟"九大"以来社会服务工作的经验和体会，深入研究民盟社会服务工作的现状，探讨新形势下民盟社会服务工作的思路和方向。民盟中央和民盟各省级组织以及部分市级盟组织的社会服务部门负责同志出席了会议。副主席李重庵出席并讲话。

12月6日，民盟中央和全国政协教科文卫体委员会联合召开义务教育问题座谈会，十多位教育界的知名人士、资深人士共同探讨阻碍素质教育推进的体制性障碍，寻求解决办法，并将在全国政协十届四次会议上就此问题发出呼吁。常务副主席张梅颖，副主席李重庵出席座谈会听取大家的意见。

12月6日，民盟九届十四次中常会在北京召开。会议由主席丁石孙，常务副主席张梅颖主持。秘书长高栓平汇报了近期民盟中央的主要工作，会议审议通过了民盟九届中央常务委员会工作报告（征求意见稿）及民盟九届四次中全会的议程、日程草案。

12月7日至9日，民盟九届四中全会在北京举行。会议的主要议程是：学习贯彻中共十六届五中全会精神，听取和审议常委会工作报告，讨论通过有关人事问题的决定。常务副主席张梅颖作工作报告。会议选举蒋树声为民盟中央主席，补选了25名中央委员，推举丁石孙同志为民盟中央名誉主席。全会审议通过了《中国民主同盟第九届中央委员会第四次全体会议决议》。

12月13日，全国政协教科文卫体委员会与民盟中央联合召开高等教育问题座谈会。主席蒋树声、常务副主席张梅颖、副主席李重庵出席会议，名誉主席丁石孙也应邀参加了会议。教科文卫体委员会部分委员，部分盟员和专家学者10余人参加了座谈，与会同志围绕高等教育体制改革、高等院校评估体系及教育质量问题进行了热烈讨论。

（二）参政议政

1. 全国政协十届三次会议大会发言、提案。

在全国政协十届三次会议上，民盟中央作了题为《确立合理公平共享的收入分配原则　构建和谐社会》的大会口头发言，提交书面发言6篇，题目为：《充分认识农民教育的基础战略地位》、《构建资源节约型经济体系应成为一项基本国策》、《落实科学发展观加快推进循环经济发展》、《在"十一五"规划中列入"关于加强生物技术产业发展相关内容"的建议》、《关于城乡协调发展问题的分析与建议》、《关于推进中部区域创新发展的战略与政策建议》，提交大会提案23件，题目为：《选择试点　制定政策　推动部分高职院校实施转变办学机制》、《沿海渔民转产转业问题应予重视和扶持》、《加强同内蒙古东部的合作有利于东北老工业基地的振兴》、《对控制金融机构风险的几点意见》、《关于加强反洗钱工作的建议》、《关于清明节在人民英雄纪念碑和传统纪念地举行国家公祭的建议》、《应废除劳动争议仲裁的前置程序》、《生物实验室和化学实验室污染问题亟待解决》、《农业院校本科教育成本结构分析及分担对策》、《关于修改和实施〈妇女权益保障法〉的建议》、《进一步加强我国律师制度建设的建议》、《关于能源替代开发和高效、节约使用的建议》、《关于我国能源消费结构的建议》、《关于深化体育改革的建议》、《积极营造有利于未成年人思想道德建设的网络文化环境》、《关于着力发展技术再创新能力的建议》、《关于构建资源节约型经济体系的建议》、《充分认识农民教育的基础战略地位》、《在"十一五"规划中列入"关于加强生物技术产业发展相关内容"的建议》、《关于推进中部区域创新发展的战略与政策建议》、《对加快推进循环经济发展的建议》、《关于开展环保全民教育的建议》、《关注百姓生活 构建和谐社会》。

大会期间，全国政协举办了"中部崛起"和"关于加快推进循环经济发展问题"两场提案协商办理座谈会，民盟中央均作为提案单位参加。3月7日，副主席、水利部副部长索丽生参加了关于建设节约型社会问题的记者招待会，就我国水资源状况等问题回答了国内外记者的提问。3月11日，全国政协就民主党派、工商联支援毕节试验区开发扶贫、生态建设等问题举办记者集体采访活动，名誉副主席厉以宁出席并介绍了民盟16年来开展智力支边扶贫工作的情况。

2. 围绕第一要务建言献策。

2005年，民盟中央领导同志多次参加中共中央、国务院和有关部门举行的政治协商会、座谈会和情况通报会，就政府工作报告、经济工作、《中共中央关于制定国民经济和社会发展第十一个五年规划（征求意见稿）》、教育问题、建设节约型社会、企业自主创新、外交工作、构建社会主义和谐社会、建设社会主义新农村等提出意见和建议。

2005年，以民盟中央和民盟中央领导名义上报中共中央并得到中央领导批示的建议有7份。这7份建议分别是：主席丁石孙、常务副主席张梅颖就中部地区发展问题给胡锦涛总书记、温家宝总理的报告；常务副主席张梅颖就青海省动物防疫中出现的一些问题给回良玉副总理写信反映；主席丁石孙、常务副主席张梅颖就《关于加强青海湖及其流域生态环境保护与治理的建议》给胡锦涛总书记、温家宝总理信；关于提升我国与俄罗斯经济技术合作战略地位的建议——主席丁石孙、常务副主席张梅颖给胡锦涛总书记、温家宝总理信；主席丁石孙上书胡锦涛总书记和温家宝总理，希望转呈民盟盟员潘文石及其同事关于我国西南部一些地区与外商合作大面积引种桉树问题的信；常务副主席张梅颖希望中央考虑将定西市安定区列入国家农业综合开发县（区），增加中央财政投资规模给回良玉副总理信；"海峡两岸暨港澳地区大学校长联谊活动"在庐山举行，中央领导批示祝贺。

2005年，民盟中央进一步完善信息工作机制，加强与地方盟组织的联系，调动各级盟组织开展信息工作的积极性，挖掘盟内信息工作的潜力，收到了明显的效果。全盟围绕经济社会发展的重大问题积极报送信息，有78篇信息分别被全国政协研究室信息局刊物《政协信息》、《政协信息专报》选用，其中《提高农民教育的基础战略地位》、《关于整合成立国务院区域协调领导小组及相关办公室的建议》等12篇信息得到中共中央领导批示，民盟中央也被评为"全国政协反映社情民意信息工作一等奖"（党派、工商联组）。

3. 扎实开展调查研究。

2005年，民盟中央深入实地，做了大量的调查研究工作，为民盟参政议政工作提供切实依据。

1月6日，常务副主席张梅颖、副主席李重庵、秘书长高栓平在机关听取了民盟中央"灾害应急体制建设"试点专家组组长王绍玉关于哈尔滨市道里区试点工作进展情况的汇报。1月28日，国务院应急办公室副组长闪淳昌听取民盟中央关于在哈尔滨道里区开展应急体制建设试点工作的汇报。2月23日，副主席李重庵携专家组一行到黑龙江省哈尔滨市道里区调研，考察民盟中央与当地政府合作进行的突发公共事件应急体制建设试点工作，就试点第一阶段工作和下一步设想与市区领导进行了沟通协商，并就闪淳昌副组长对试点工作的有关意见和建议作了介绍。

3月18日，主席丁石孙、常务副主席张梅颖、副主席袁行霈、李重庵、索丽生参加中央统战部组织的在北京市进行的考察调研活动，听取首都规划委员会负责人介绍首都城市建设规划情况，参观北京市城市规划展览馆；听取奥组委负责人关于奥运会场馆规划建设情况介绍，并考察几个奥运场馆建设项目；与北京市委、市政府、奥组委负责人座谈，为奥运筹备工作建言献策。常务副主席张梅颖在座谈会上作了主要发言。

5月13日至22日，受中共中央委托，由中共中央统战部组织，主席丁石孙、常务副主席张梅颖率调研组在湖北省就我国企业自主创新现状与对策问题进行了调研、考察。副主席张圣坤、李重庵及有关专家参加了此次调研。考察后，在广泛吸纳有关国家部委和专家意见的基础上，形成了对提高企业自主创新能力的思路和建议。考察期间，主席丁石孙、常务副主席张梅颖一行，亲切会见了湖北盟员，并与他们进行了座谈。民盟湖北省委及武汉市各基层组织负责人约120人参加座谈。

8月3日至9日，由民盟中央牵头，在全国政协副主席、民盟中央常务副主席张梅颖的带领下，由科技部、国家林业局、中科院等部门专家组成的考察团对青海湖流域及周边地区生态环境和治理情况进行了调研。8月16日，丁石孙主席、张梅颖常务副主席就《关于加强青海湖及其流域生态环境保护与治理的建议》以书面形式报送中共中央。胡锦涛总书记、温家宝总理做出批复，要求把青海湖及其流域生态环境保护综合治理列入议事日程。国家发改委会同有关部门已按批复要求和民盟中央建议制定了青海湖流域生态环境保护的总体思路和具体措施。

8月3日至12日，丁石孙主席一行应黑龙江省委、省政府、省政协领导同志的邀请，到黑龙江省就中俄经贸问题进行调研。调研组分北线、东线进行，北线调研组对黑河、伊春等地进行调研，东线调研组，对牡丹江市、绥芬河市、东宁县等地进行调研。8月4日至18日，名誉副主席厉以宁率北线调研组在黑龙江、内蒙古进行了考察，副主席蒋树声参加了在黑龙江的调研考察。8月12日，民盟中央与中共黑龙江省委、省政府举行座谈会，交流了黑龙江省"十一五"规划大计和对俄战略升级问题。考察结束后，民盟中央在调研考察报告的基础上形成了关于拓展和深化中俄经济、贸易、技术合作的政策建议，受到中共中央的高度重视。

4. 举办论坛研讨会。

举办论坛和研讨会，集思广益，建言立论，是民盟近年来富有成效的一种参政议政形式。

5月14日至15日，为落实国务院关于就中部崛起进行理论研讨的指示，民盟中央、中国生产力学会、湖北省政府共同举办的"2005中部崛起战略论坛"在武汉市举行。民盟中央主席丁石孙、常务副主席张梅颖，副主席张圣坤、李重庵，湖北省政协副主席、民盟湖北省委主委郭生练，秘书长高栓平及受邀专家等出席了论坛。中共中央政治委员、中共湖北省委书记俞正声等领导同志以及来自中央有关部委和中部地区六省的近200名专家、学者出席了论坛。丁石孙主席在论坛开幕式上作了讲话，张梅颖常务副主席在闭幕式上作了发言。论坛后，民盟中央调研组实地考察了武汉、黄石、宜昌等地。7月1日，丁石孙主席、张梅颖常务副主席就中部地区发展问题向胡锦涛总书记、温家宝总理提交了报告。

7月8日至10日，由民盟中央经济和区域发展委员会、青岛市人民政府、中国脱盐协会、日本脱盐协会共同主办的"2005青岛国际水工业论坛"在青岛举行。常务副主席张梅颖给论坛发来贺信并题词："自主创新，促进水工业技术发展。"副主席李重庵出席开幕式并代表民盟中央发言。来自国内以及世界 20 多个国家的知名公司共 400 余名代表出席了论坛。

7 月 28 日，由民盟江西省委、江西省教育厅、江西师范大学共同主办的以"高等教育与富民兴赣"为主题的"同促崛起（6＋2）高层论坛"在江西南昌举行。常务副主席张梅颖，副主席、上海交通大学副校长张圣坤，副主席、南京大学校长蒋树声在论坛上分别作了题为《用创新支撑国家》、《提升大学综合能力，促进地区经济和社会发展》、《高等教育的机遇与挑战》的主题演讲。江西省部分领导及各民主党派系统和教育系统 400 多名同志出席了论坛。

8 月 18 日至 20 日，民盟中央在呼和浩特市举行了"中国民主同盟北方生态园"揭牌仪式暨"2005·北方生态论坛"。副主席李重庵出席论坛。论坛以"生态建设和构建和谐社会"为主题，旨在引起全社会对生态建设工作的足够重视，与会专家、学者就如何推进北方特别是内蒙古生态环境建设，构建人与自然和谐社会进行了深层次、全方位的探讨，提供论文 70 多篇。

9 月 19 日至 22 日，民盟沿海省市发展海洋经济研讨会在杭州举行。副主席张圣坤、李重庵、郑兰荪及来自沿海 11 个省、直辖市和部分沿海城市的民盟组织和浙江省有关部门领导和专家学者共 80 多位代表出席了会议。会议围绕"科学用海、科技兴海、依法管海、坚持海洋经济可持续发展"的主题进行了交流和探讨，提出建设性的意见和建议。会议形成的《关于发展海洋事业的建议》，由民盟中央上报中共中央、国务院参考，胡锦涛总书记、温家宝总理作了重要批示，曾培炎副总理就落实批示精神提出了具体要求。

10 月 31 日至 11 月 2 日，民盟中央经济委员会、民盟浙江省委在绍兴举办了"民盟民营经济论坛"，与会人员就如何调动和发挥盟员民营企业家的积极性，推动民营经济发展并积极参与公益事业等进行了交流讨论,还对来自23个省级组织的盟员企业家进行了培训,提升了他们整体的参政议政意识和能力。副主席李重庵出席论坛并讲话。

民盟中央举办的"灾害与社会管理专家论坛"已形成品牌,2005年开展了以"灾害管理与平安社区建设"为主题的笔谈,收到的论文已编辑出版。

5. 努力拓展对外联络。

促进两岸经济和文化交流,增进人员往来和政治互信,做好台港澳同胞和海外侨胞的联谊和联络工作,是民盟近年开辟的参政议政工作新领域。

2月2日,副主席李重庵在机关会见了英国福建同乡会创会会长、英国福建工商联合会会长陈爱国先生及夫人,倾听了他们反映的海外华人的愿望和建议。

4月22日,常务副主席张梅颖、副主席李重庵在盟员之家——翠园,会见并宴请了来访的台湾中华企业资源发展协会经贸投资考察团的客人。秘书长高栓平、联络委员会主任郑荃等参加了会见。考察团向张梅颖常务副主席、李重庵副主席等敬送了代表团团徽,民盟中央领导向来宾赠送了中国民主同盟画册等纪念品。

7月24日至25日,民盟中央与北京大学、南京大学联合在江西庐山举办了"海峡两岸及港澳地区大学校长联谊活动",来自港澳台和内地16所著名大学的校长参加,共同探讨了高等教育改革、加强海峡两岸暨港澳地区大学合作交流以及弘扬中华传统文化等问题。联谊活动起到了促进两岸四地教育、文化交流和沟通的作用,成为两岸四地高教界交流的一个重要平台。常务副主席张梅颖出席联谊活动,并代表丁石孙主席宴请了各位嘉宾。副主席张圣坤、李重庵、蒋树声出席联谊活动。中央统战部对此次活动给予了充分肯定,中共中央领导批示表示祝贺。

（三）社会服务

民盟中央继续推进智力支边、定点扶贫、办学助学等多种形式的社会服务工作，形成了许多有益的经验，取得了良好的社会效果。

1. 稳步推进定点扶贫工作。

民盟中央和民盟贵州省委继续支持毕节试验区的工作，把合作不断引向深入。经过8年的努力，2005年民盟中央帮扶的毕节市青场镇早熟蔬菜基地已经扩大到1500亩的规模，更多的菜农通过种植一年三季的早熟蔬菜和反季节蔬菜富了起来。

5月，在名誉副主席、毕节实验区专家顾问组组长厉以宁的协调下，北京大学光华管理学院为毕节开设的"光华－泰达－毕节"领导干部培养项目第二期培训班继续举行，来自毕节的50名县处以上领导干部接受了高层次现代经济管理知识的培训。

民盟中央继续支持汇文中学与毕节一中两个姊妹学校之间的交流与合作，8名毕节地区的中学教师到北京汇文中学进行了为期一个月的培训。

民盟中央安排落实资金3万元在黔西南州册亨县岩架镇板弄村帮扶50户农民进行优质甜瓜种植项目试验取得阶段性成果，为当地农民脱贫致富探索了一条新的道路，产生了极大的反响。

为帮助和引导那坡县坡荷乡农民调整产业结构，做大做强特色农业，增加农民收入，民盟中央和民盟广西区委针对坡荷乡"七分石三分土"的地质条件以及姜黄、油茶和中药材等的市场需求量较大的情况，在坡荷乡实施了"百亩姜黄种植"和"发展万亩茶油林"项目。

9月，民盟投入10万元，在那坡县坡荷乡兴建一个年养50头龙宝母猪，年产1500头生猪，总产值可达20万元的养殖场。除去成本，计划每年拿出约300头小母猪扶持农民发展养猪事业，让受惠的农户将小母猪养大繁殖后返还一头仔猪，再将此仔猪扶持其他农户。如此双重循环繁育和扶持，形成一个滚动发展的扶贫系统工程，该乡政府领导称之为"小母猪工程"。

随着国家扶贫战略的调整，民盟中央积极探索扶贫工作的新模式。6月以来，民盟中央在盟员企业家的帮助下，先后6次组织北京浙江企业商会40多家企业赴河北省广宗县进行投资考察。9月4日，民盟中央还帮助广宗县在北京举办"河北广宗（北京浙商）投资环境说明会"，会上3名企业家分别与广宗县人民政府签订了投资意向。副主席李重庵出席会议并讲话。此举在北京浙江商会和广宗县之间建立了良好的沟通与合作平台，并促成了在广宗县开发占地2100亩的"河北浙江工业园"项目。目前，"河北浙江工业园"正在紧锣密鼓地筹建中。

2. 探索扶贫工作的新领域、新思路。

民盟中央领导率队考察，直接参与甘肃定西的扶贫开发工作。4月13日至15日，主席丁石孙、常务副主席张梅颖率科技部、农业部、国务院扶贫办的有关同志和盟员企业家赴定西考察扶贫工作情况，帮助当地引进技术和项目资金800万元，并在51个自然村启动生态经济富民工程。考察后，民盟中央向中共中央领导建议将定西市安定区列为国家农业综合开发县（区）。这一建议受到国务院领导重视，并得到落实。

发挥各级盟组织积极性，积极开展跨省区的扶贫工作。8月18日，民盟中央在呼和浩特市举行"中国民主同盟北方生态园"揭牌仪式。副主席李重庵出席仪式并讲话。"中国民主同盟北方生态园"

是由民盟中央与民盟呼和浩特、北京、广州、南京四市委在呼和浩特市武川县共同发起设立的，已筹集资金 200 多万元，启动建设项目 20 余项，促进了当地生态建设和经济社会协调发展。目前，生态园二期项目已全面启动。在呼和浩特期间，副主席李重庵还考察了武川县大豆铺乡马铃薯种薯繁育基地等生态园重点项目。

另外，民盟中央还积极组织北京、湖南等地的专家学者赴甘肃、贵州、河北等地的帮扶地区开展了医师培训、支教助学、农民实用致富技术讲座等多种形式的扶贫工作。在民盟中央积极协调下，8 月，定西市安定区英语教师暑期培训班正式开班，新东方教育科技集团派优秀教师对安定区的英语教师进行了培训。在民盟中央大力支持下，民盟湖南省委组织盟员专家研究和推广"135 保健养猪"技术，在全国 12 个省市举办培训班 600 多期，培训养殖户 8 万多人次，民盟中央、民盟河北省委还向广宗县南琵琶村贫困户配套赠送了价值 1 万元的 100 头猪崽。6 月，民盟中央向广宗县东召乡后魏村希望小学赠送了价值 3 万元的 200 套课桌椅。

3. 积极参与解决"三农"问题。

贫困地区的农民培训问题始终是民盟中央关注的焦点之一。2004 年以来，民盟中央与清华大学联手在国家级贫困县建立远程教育培训点。经民盟中央和当地盟组织牵线搭桥，已在广西、重庆、贵州等地的 15 个国家级贫困县建立清华大学远程教育培训点。每个培训点得到了清华大学赠送的 8 到 10 万元设备支持，此举为贫困地区培养人才起到积极作用。

为帮助贫困地区解决制约文化事业发展的难题，民盟中央协调全国政协委员、香港汉荣书局董事总经理石汗基先生向内蒙古武川县和河北广宗县图书馆各捐赠 2000 册价值 10 万元的港版中文图书。

2004 年底，温家宝总理对民盟中央提出的《关于加快推进"农业科技入户示范工程"的建议》做出批示后，农业部启动的"农业科技入户示范工程"资金从每年 3000 万元增加到 2 亿元。6 月，民盟中央与农业部科教司在河南滑县共同对小麦科技入户实施情况及效果进行调研，中央电视台对此做了跟踪报导。

民盟中央继续为四川蓬溪黑龙凼水库和贵州毕节倒天河水库复建工程总共协调资金 1800 万元，目前两项工程进展顺利。

此外，民盟中央还从关注民办教育的发展的角度发起，并与民革中央、民进中央、中华职教社、中央教科所等单位共同对《中华人民共和国民办教育促进法》的实施情况进行了调研；支持配合北京大学成立贫困地区发展研究院，促进我国脱贫减贫事业。

（四）自身建设

一年来，民盟中央扎实工作，全面推进自身建设，为提高参政能力、更好地履行参政党职能奠定坚实基础。

1. 思想建设。

学习贯彻落实《意见》精神是民盟全年工作的一条主线。3 月 16 日，民盟中央发布关于学习贯彻《意见》的通知，通知要求全盟要把学习和贯彻《意见》精神作为一项重要政治任务抓紧抓好，要在全面准确、深刻理解《意见》的精神实质上下功夫，要大力推动各级组织、广大干部和盟员认真学习《意见》。民盟中央领导同志出席了中央统战部召开的中国共产党领导的多党合作和政治协商制度建设座谈会。4 月 19 日至 20 日，主席丁石孙、常务副主席张梅颖、副主席冯之浚、张毓茂、卢强、吴正德、王维城、张圣坤、李重庵、张平、蒋树声、索丽生出席由中共中央组织部、统战部和中央党校联合举办的多党合作专题研讨班。盟的省级组织负责人和工作骨干参加了中央和地方社会主义学院的培训班。各级盟组织通过领导班子中心组、研讨班、报告会等多种形式，组织干部和广大盟员认真学习、深刻领会文件的精神实质。

3月17日，民盟中央举行学习《反分裂国家法》座谈会。常务副主席张梅颖主持会议。主席丁石孙，副主席卢强、李重庵等先后在会上发言，与会同志表示一致拥护《反分裂国家法》。

中国民主同盟的优秀盟员曾呈奎、侯祥麟同志，被中纪委、中组部、中宣部、中央先进性教育活动领导小组确立为先进典型，在全国范围内广泛宣传，他们的先进事迹在全社会、全盟引起强烈反响。7月12日，民盟中央发出关于向曾呈奎同志学习的通知。曾呈奎同志是我国海洋科学的开拓者之一、世界著名海洋生物学家，生前曾任中国科学院资深院士、第三世界科学院院士、中国科学院海洋研究所名誉所长。民盟中央号召全体盟员学习他坚定的政治立场和崇高的爱国主义精神，学习他勇于探索、务实求真、锐意创新的科学追求，学习他举贤任能、无私奉献的博大胸怀，学习他生命不息、奋斗不止的拼搏精神。9月21日，民盟中央发出关于向侯祥麟同志学习的通知。侯祥麟同志是中国科学院、中国工程院院士，是世界著名的石油化工科学家，是我国石油化工技术的开拓者之一，我国炼油技术的奠基人。民盟中央号召全盟学习他报效祖国、矢志不渝的理想信念，学习他锐意进取、自主创新的奋斗精神，学习他淡泊名利、无私奉献的崇高品格。

为缅怀费老，继承遗愿，民盟中央开展了系列纪念和追思活动。11月1日，民盟中央、北京大学在人民大会堂举行了"追思费老——费孝通教授学术思想座谈会"。主席丁石孙，常务副主席张梅颖等领导及有关方面的专家学者和社会各界来宾200余人出席了会议。会议由副主席冯之浚主持，中央统战部副部长楼志豪宣读了全国政协副主席、中央统战部部长刘延东致会议的信。常务副主席张梅颖代表民盟中央发言。副主席卢强、张宝文,名誉副主席吴修平,原副主席俞泽猷,秘书长高栓平等出席了会议。民盟中央编辑出版了《怀念费孝通》文集。《中央盟讯》出版了纪念专刊。

2. 组织建设。

5月10至12日,民盟常务副主席张梅颖赴江西南昌考察,贯彻落实《意见》精神,并就后备干部的选拔、培养以及如何提高盟员的参政议政能力、做好民盟的组织发展工作等问题,与民盟江西省委会负责人、民盟省委常委进行了座谈。民盟中央领导还利用在上海、湖北、内蒙古、黑龙江、四川、青海等地考察调研工作期间,或走访当地民盟机关或举行各类盟员座谈会,加强与广大盟员之间的交流,有效地推动了当地盟务工作的开展。

7月19日至21日,民盟盟务工作骨干、从政干部、宣传干部研讨培训班在北京举行。来自民盟30个省级组织的盟务工作骨干、从政干部、宣传干部120余人参加了研讨培训。研讨培训班的主要内容是认真学习《意见》精神,进一步推动盟的组织建设和思想建设。主席丁石孙出席开幕式并讲话,副主席冯之浚主持开幕式,常务副主席张梅颖作总结讲话。与会同志认真学习了《意见》精神和有关辅导报告。副主席蒋树声,秘书长高栓平也出席了研讨培训班。

9月8日至9日,民盟基层组织建设经验交流暨表彰大会在成都举行。大会旨在总结交流多年来民盟各级组织加强基层组织建设的经验,表彰一批自身建设成绩突出的先进单位和先进基层组织,探讨新形势下基层工作的新思路。来自民盟30个省级组织主管组织工作的副主委、组织部长和副省级城市盟组织及部分基层组织的代表共110余人参加了会议。大会还表彰了119个先进基层组织和59个基层组织建设先进单位。主席丁石孙给大会发来贺信,常务副主席张梅颖作主题报告,副主席李重庵作闭幕讲话。会议期间,还组织召开了省级组织部长会议,重点传达了当前组织发展工作的精神和要求,研究解决新形势下出现的新问题。

民盟九届十三次中常会专题研究了新形势下全盟后备干部队伍建设问题。

3. 制度建设。

近年来,为适应形势任务发展需要,不断加强组织工作的规范化、制度化建设,民盟中央先后制定了有关组织发展、省级领导班子建设、后备干部队伍建设三方面的规范性文件。2005年底,根据有关文件精神和基层组织的需要,民盟中央又制定并下发了《民盟中央关于加强基层组织建设的意见》,为进一步规范全盟基层组织建设,为多党合作打牢坚实基础。民盟中央结合有关文件精神,还修订了《中国民主同盟组织发展暂行条例》。

民盟中央加强了对地方组织宣传工作的指导,形成工作网络。各级盟组织与媒体密切合作、定期沟通,保证了新闻报道的时效性、经常性、深入性和规范性。2005年全国各种媒体有关民盟的报道和文章数量上较2004年有大幅增长。同时,民盟中央网站和地方盟组织网站内容不断丰富完善,为盟内信息的宣传和交流提供了便捷的平台。

《群言》杂志恪守办刊宗旨,把握时代脉搏,以其鲜明的知识分子"群言堂"的特色在期刊如林的出版界占有一席之地。群言出版社出版了一批盟史、人物的精品图书,并获得中国书刊发行协会"全国优秀畅销书"等三个奖项。

为适应电脑网络技术飞快发展的需要,民盟中央组织完成力量了盟员电脑系统管理三期软件的编制工作,目前已有20多个省级组织正式使用三期软件,初步实现了盟员信息的网上实时共享,使盟员信息化管理水平上了一个新台阶。

此外，民盟中央还完成了在中央社会主义学院4期24人的培训招生工作，并组织了十多期培训学员到民盟中央机关座谈；民盟中央和地方盟组织机关组织干部认真学习《公务员法》，加强培训工作，提高干部综合素质，加强部门协作，提高工作效率，建设务实、高效的学习型机关。

4. 组织及盟员概况。

2005年，民盟有成员175063人。民盟地方组织共有421个，其中省级委员会30个，市地级委员会292个，县市区级委员会99个。民盟基层组织共有7541个，其中基层委员会325个，总支委员会511个，支部6433个，小组272个。

民盟九届中央委员会领导成员包括：名誉主席费孝通、钱伟长、谈家桢、苏步青、丁石孙，名誉副主席叶笃义、陶大镛、马大猷、康振黄、罗涵先、孔令仁（女）、吴修平、厉以宁、江景波、冯克熙，顾问冯素陶、邬沧萍，主席蒋树声，副主席张梅颖（女）、冯之浚、袁行霈、卢强、吴正德、张宝文、王维城、张圣坤、李重庵、郑兰荪、张平、索丽生。

盟员中担任各级人大代表的共有2795人，其中全国人大代表86人，省级人大代表404人，市地级人大代表1271人，县市区级人大代表1034人。

盟员中担任各级政协委员的共有13135人，其中全国政协委员140人，省级政协委员1244人，市地级政协委员5649人，县市区级政协委员6102人。

盟员中担任政府及司法机关县处级以上领导职务的共有657人，其中在中央政府及司法机关担任领导职务7人，在地方政府及司法机关担任省级领导职务3人，司局级38人，地市级60人，县处级

549人。

盟员中担任中央有关部门特约（邀）工作的共有15人，其中最高人民检察院特约检察员4人，监察部特邀监察员4人，国家审计署特约审计员2人，国家特邀国土资源监察专员3人，教育部特约教育督导员1人，国家税务总局特邀监察员1人。

盟员中担任中国科学院院士的共有48人。

盟员中担任中国工程院院士的共有17人。

盟员中担任大学校、院长的共有73人。

（高栓平、周荣）

七、中国民主建国会活动纪要

2005年，民建全会认真学习贯彻中共十六大、十六届四中、五中全会精神，深入落实科学发展观，围绕构建社会主义和谐社会，充分发挥密切联系经济界的特色和优势，积极履行参政党职能，切实加强自身建设，努力提高参政能力，突出重点、讲求实效，各项工作取得了新的进展。

（一）重要会议

1. 纪念民建成立60周年。

2005年是民建成立60周年。民建各级组织高度重视，积极抓住这一有利时机，按照"民主、团结、隆重、俭朴"的原则，开展了内容丰富、形式多样的纪念活动，回顾民建走过的光辉历程，总结实践经验，弘扬优良传统，推进自身建设。

12月16日，民建成立60周年纪念大会在北京全国政协礼堂隆重举行。中共中央政治局常委、中央纪委书记吴官正出席大会并代表中共中央致贺词。吴官正在贺词中充分肯定了民建的光荣历史和积极贡献,希望民建一如既往地与中国共产党同心协力,团结奋斗,在全面建设小康社会进程中发挥更大的作用。全国人大常委会副委员长、民建中央主席成思危在大会上回顾了民建成立60年来所走过的历程,号召广大民建会员更加紧密地团结在以胡锦涛同志为总书记的中共中央周围,继承优良传统,弘扬民主、团结、创新、奉献的崇高精神,不辱使命,不负重托,为构建社会主义和谐社会、实现中华民族伟大复兴作出新的贡献。

全国人大常委会副委员长、民进中央主席许嘉璐代表民主党派中央和全国工商联致贺词。大会宣读了民建中央名誉主席孙起孟的信。香港工商经济界人士代表陈金烈、会员代表王玉梅在会上发言。

会上,民建中央表彰了100个先进支部和301名优秀会员。

大会由全国政协副主席、民建中央常务副主席张榕明主持。全国政协副主席、中共中央统战部部长刘延东,全国政协副主席、全国工商联主席黄孟复和原全国人大常委会副委员长王光英、原全国政协副主席万国权以及各民主党派中央、全国工商联负责人和有关方面负责同志出席大会。

纪念大会期间,举办了老同志座谈会、优秀会员和先进支部代表座谈会,编辑出版了《中国民主建国会60年》画册,举办了会史展和书画摄影展,组织了文艺汇演。

各地组织也纷纷举办形式多样的纪念活动,开展了会章、会史和会的基本知识的学习教育活动。通过纪念活动,极大地激励了广大会员,增强了会的凝聚力,产生了良好的社会影响。

2. 举办风险投资论坛和非公有制经济发展论坛。

4月8日至9日,"2005(第七届)中国风险投资论坛"在深圳市举行。论坛由民建中央、科技部、广东省政府、深圳市政府共同主办。主题为"提升国际风险投资合作,促进中国创新经济发展"。专门设置了"美国风险投资家专题论坛"、"欧洲风险投资家专题论坛"、"亚洲风险投资家专题论坛"、"中国风险投资家专题论坛"等,并举办了两场投融资服务洽谈会。60多位国内外政府高官和业界知名人士登台演讲。来自十几个国家和地区的150位风险投资家,700多名企业界人士参加了论坛。

中国风险投资论坛由民建中央倡导发起,旨在促进科技进步、加快高新技术产业化进程、推动产业结构调整和加速中国风险投资事业稳步发展。自1998年开始以来每年举办一届,分别在北京、深圳举行。该论坛为中国风险投资业界人士与政策制定者之间建立对话的渠道,为中外风险投资家搭建交流的平台,为风险投资家与企业家构建合作的桥梁,成为中国风险投资业与科技界的年度峰会。

10月11日至12日,"2005(第三届)中国非公有制经济发展论坛"在合肥市举行。论坛由民建中央、国家发改委、安徽省政府共同主办。主题为"新环境、新发展",着重探讨《国务院关于鼓励支持和引导个体私营等非公有制经济发展的若干意见》(简称"36条")颁布后"非公有制经济发展新环境"、"'36条'与非公有制经济发展"、"非公有制经济与农业产业化"、"非公有制经济与产业转移"、"非公有制经济与中部崛起"、"非公有制经济与和谐社会良性互动"等议题。会内外750多名专家学者和企业界人士参加了论坛。论坛上共达成36个合作项目,总投资额约人民币53.2亿元。

中国非公有制经济发展论坛由民建中央倡导发起,旨在总结我国非公有制经济发展的经验,研究非公有制经济持续健康发展的新思路、新途径,探索现代企业经营管理的战略和举措,推动经济发展和社会进步。自2003年开始每年举办一届,分别在武汉、昆明、合肥举行。该论坛是我国非公有制经济的年度盛会,得到政府有关部门及社会各界的广泛支持和关注。

3. 召开全国联络工作会议。

民建八大后,会中央制定了五年工作规划,确定每年突出一个工作重点,2003年是非公有制经济代表人士工作,2004年是基层组织建设工作,经过全会共同努力,都取得显著成效。2005年的工作重点是联络工作。会中央领导分别带队赴8个省进行了深入调研,总结经验,研究新形势下进一步加强联络工作的新思路、新举措。

6月1日至2日,民建全国联络工作会议在广州市召开。这是民建有史以来第一次召开全国联络工作会议。会议总结交流了各级组织开展联络工作的成功经验,分析研究了联络工作中存在的主要问题,结合实际讨论了《民建中央关于加强联络工作,促进参政能力建设的意见(稿)》。会议提出,面对国际国内形势的深刻变化,民建联络工作要与参政议政、社会服务工作有机结合起来,不断拓展新的思路,开辟新的领域。要树立"大联络"的概念,全面整合资源,在会外加强与中共党委、人大、政府、政协、社会团体、专家学者、企业家、境外人士等的联系;在会内加强各级专委会、区域组织间的联系。加强沟通、促进合作,凝聚力量,努力形成全方位多层次、形式多样、机制健全、富有成效的联络工作新格局。

4. 启动和实施"思源工程"。

为了进一步整合会内扶贫资源,鼓励和引导广大会员特别是企业家会员致富思源、富而思进,积极投身到扶贫工作中去,参与公益事业,回报社会,民建发起实施了"思源工程"。

10月,在合肥"2005中国非公有制经济发展论坛"期间,李晓林等15位民建会员企业家发出在民建建立思源工程的倡议书,呼吁广大会员企业家做"致富思源、富而思进"的新型民营企业家。民建中央对此倡议给予了充分肯定和高度重视。民建八届十五次主席会议研究决定，在民建60周年纪念大会期间正式启动思源工程。

12月19日，中国民主建国会思源工程启动仪式在北京举行。成思危为思源工程正式启动揭幕并发表讲话。他希望民建各级组织和广大会员立即行动起来，积极投身于思源工程中，坚持树立和落实科学发展观，为消除贫困、缩小城乡差距，构建社会主义和谐社会建功立业。

思源工程以民建企业界人士为主，联系带动民建全体会员及港澳台侨工商界爱心人士和国内外以扶贫为宗旨的民间组织共同参加。思源工程的原则是"自愿参与、量力而行、尽力而为、义利兼顾"。主要围绕促进贫困地区经济和社会发展，改善人民群众生产生活去做事。以项目开发、修建人畜饮水工程、沼气池，治理石漠化和沙漠化，改善贫困地区办学条件，开展技能培训，转移农村剩余劳动力和安置再就业等多种方式开展活动。

5. 召开民建八届四中全会。

12月17日至19日，民建八届四中全会在北京举行。会议学习贯彻中共十六届五中全会精神和中央经济工作会议精神，听取审议了成思危作的题为《加强参政能力建设，为构建社会主义和谐社会作贡献》的中央常务委员会工作报告。成思危在报告中回顾了2005年的主要工作，重点总结了加强联络工作的新经验，对2006年的主要任务和重点工作提出了要求，进行了部署。他强调，全体民建会员要努力发挥参政党作用，力争把各项工作推上一个新台阶，为构建社会主义和谐社会作出新的贡献。会议评审了会中央三个重点专题调研报告，补选陈政立为民建中央副主席，增选了19位中央委员。

(二) 参政议政

民建作为密切联系经济界的参政党,坚持树立科学发展观,紧紧抓住发展这一参政议政的第一要务,充分发挥自身的特色和优势,以促进公平和效率为着力点,深入调查研究,积极建言献策,不断提高参政议政的能力和水平。

1. 围绕中心、服务大局,积极建言献策。

政协提案及会议发言是民主党派通过政协发挥参政党职能的主要形式。在全国政协十届三次会议上,民建中央及会员中全国政协委员共提交发言 58 件,占大会发言总数的 7.92%,其中民建中央口头发言 1 件,书面发言 2 件。民建中央及会员中政协委员为第一提案人的提案为 256 件,占大会立案提案总数的 5.85%,其中民建中央提案 20 件。在全国政协十届十次常委会上,民建中央提出了调整个人所得税制度、加强区域协调发展的建议;在全国政协十届十一次常委会上,提出了正确应对贸易摩擦、积极推进西部大开发战略实施、进一步推进人民币汇率机制改革、加强我国农村基础性建设等 4 份建议,得到与会常委的肯定,产生良好的社会反响。

专题调研是参政议政工作的重要内容。2005 年,民建中央按照选准角度、发挥优势、突出重点的要求,经过广泛征集、反复筛选,确定了"信用担保体系建设"、"粮食主产区农民增收"、"发展社区银行"等三个重点调研题目,由会中央主席、副主席亲自带队,中央委员、地方组织、专门委员会积极参与,深入实地开展调研,组织专家进行研讨、论证,形成了《加快信用担保体系建设,促进中小企业发展》、《加快建立粮食主产区农民增收的长效机制》、《发展社区银行，完善金融服务体系》等三份调研报告，经过常委会和全会的评审，形成向中共中央、国务院的建议和全国政协的提案、发言。

重视发挥专门委员会在参政议政中的作用。目前会中央有9个专委会，300多位成员，集中了会内各方面优秀的专家学者、企业家和其他会员骨干。2005年，经济委员会、财政金融委员会围绕"国家实施宏观调控效果的评估及2005年宏观经济政策的评价"开展调查研究，形成了《民建中央关于当前经济工作的几点建议》，经常委会议讨论修改后报送中共中央、国务院。企业委员会组织召开了生物医药发展研讨会和城市低收入人群住房保障研讨会，提出意见和建议报送国务院。法制委员会积极参与国家法制建设，通过研究讨论，就《公司法（修订草案）》、《公证法（草案）》、《个人所得税法修正案（草案）》、《物权法（草案）》等提出了意见和建议。

根据中共中央领导的要求，民建还对我国外汇储备问题进行了深入调查研究，提出了《对我国外汇储备激增的几点分析和建议》。在7月全国政协召开的"十一五"规划专题协商会上，民建提出了关于"十一五"期间发展风险投资事业、制定国家资源安全战略、城市化发展模式、长江三角洲制造业国际化等4份建议。在8月党外人士高层协商会上，民建提出了关于"十一五"期间调整出口产品结构、促进中小企业发展、加强我国农村基础性建设等3份书面建议。由于调研充分，提出的意见、建议针对性强，质量较高，受到中共中央和国务院领导的高度重视。

反映社情民意是民主党派参政议政的重要渠道。民建中央从完善工作机制，拓宽信息来源，提高信息质量等方面入手，进一步加强社情民意工作。2005年，各地组织、会员中的政协委员报送情况反映1713篇，会中央向全国政协等有关方面报送521篇，中共中央、国务院有关领导批示17篇。其中《不宜引进高耗能且污染严重的有机硅项目》、《信托理财市场的混乱局面如不及时纠正，可能会失控》等信息受到有关领导、部门和媒体的高度重视。会中央编辑了《社情民意采稿范例》，下发各省级组织，起到了一定指导和示范作用。举办了省级组织信息员培训班，促进了社情民意工作队伍的建设。

为进一步在参政议政工作中发挥会的整体功能和群体优势，会中央坚持了课题招标制度，并由一年一次改为一年两次。地方组织积极参加，共报送有关材料200多份，内容涉及社会关注、群众关心的各方面热点、难点问题，为会的参政议政工作提供了有力支持。会中央开展了参政议政工作表彰活动，12个省级组织被评为先进单位。

此外，7月民建在新疆召开了西部地区"树立科学发展观，优化西部地区经济发展环境"研讨会，来自23个省级组织的100多名代表和企业界人士参加了会议。11月由民建湖北、湖南、安徽、江西、河南、山西六省省委会在武汉举办了首届"中部发展论坛"，围绕中部发展的新型工业化、城镇化，建设社会主义新农村，促进非公有制经济发展等问题进行了研讨。

2. 拓宽思路，积极推动联络工作。

加强联络工作是参政党履行职能的一项重要任务。多年来，民建适应国内外形势的发展变化，遵循"广交朋友、促进合作、扩大影响、稳步开拓"的思路，积极拓展与港澳台地区以及海外工商界人士的联系，促进祖国统一大业，推动联络工作更加生动活跃、扎实有效。全年共组织了6次出境访问，出访人员60余人；接待台港澳以及海外友好人士90余人次。

积极推进与台港澳联络交流工作。为贯彻中共中央对台港澳工作精神和《反分裂国家法》，在充分调研和广泛征求意见的基础上，起草了《民建中央关于加强港澳台联络工作的意见》。4月邀请由台湾中南部8个县、市24位高层农业管理人员组成的布袋港发展促进会访问团来大陆交流，积极促进台湾农产品输入大陆，推动两岸农业经济合作。组织有关专家学者和会员企业家赴江苏省昆山市调研，与当地台商和台资企业代表进行了座谈交流。组织以会中央法制委员会委员为主的内地法律工作者港澳交流访问团，与港澳法律界就共同关注的法学课题开展了座谈和研讨。10月组织会内专家和企业家访问团赴台参加"科技与文化创意研讨会"，100多位两岸专家学者和相关人士参加了研讨交流。这是民建连续第六次与台湾有关方面合作召开的专题研讨会。

积极推动与海外工商界人士的联系。4月组织专家学者就城乡经济和城市规划统筹发展问题到德国进行了调研。6月组织企业委员会生物延伸小组部分组员对德国的生物制药研究、产业化进行了考察。继续与加拿大加中科技交流中心合作，9月组派省级组织秘书长代表团赴加拿大，实地考察当地政府和社会服务机构，开展了行政管理、人力资源管理和市场经济管理等相关知识的培训。为帮助会员企业有效实施"走出去"战略，11月组织会员企业家赴秘鲁、阿根廷参加第三届拉美地区对华友好组织大会并与当地企业家进行了广泛交流。

此外，民建先后接待了德国、美国、泰国等国家的银行界、法律界等专业人士，与会内专家学者、企业家进行了交流，并为他们与中国银监会等有关部门建立联系和在我国推动开展业务提供了帮助和服务。

截至2005年6月底，民建会员担任各级人大代表2534人、各级政协委员13081人，共15615人，占会员总数的15.5%。会员担任区、县局以上各级政府领导和司法机关领导职务的 1765 人，占会员总数的 1.7%。会员担任各级特邀（约）职务的 3280 人，占会员总数的 3.2%。这些会员以饱满的政治热情和高度负责的精神，认真履行参政议政、民主监督职责，为推进经济社会发展施展才华、贡献力量。

（三）社会服务

开展社会服务活动，是参政党履行职能的重要实践。民建各级组织按照量力而行、尽力而为、因地制宜、讲求实效的原则，积极参与社会实践，扎扎实实地做好社会服务工作。

各级组织认真落实《民建中央关于加强扶贫工作的意见》，以开展项目、教育、科技、就业扶贫为重点，为贫困地区群众尽心竭力做好事、办实事。目前已建立扶贫工作点 115 个，其中中央和省级组织 36 个，市级组织 79 个。会中央领导带队，分别赴贵州省黔西县、河北省丰宁县进行扶贫考察，并引进扶贫项目。其中在黔西一县就确定了 27 个项目，涉及农业、水利、教育、科技、旅游、交通、林业、畜牧业等领域，总计 720 万元。会中央先后 5 次组织专家学者赴黔西、丰宁两个扶贫点就"十一五"发展规划以及种植、养殖、旅游业开发等进行考察调研，提出意见和建议。经会中央与交通部协调，为丰宁争取到二级公路建设立项。从北京怀柔至丰宁总投资 15 亿元的一期工程已正式启动。会中央还与当地中共党委、政府协商，选派干部到黔西、丰宁挂职，协助落实扶贫项目。

坚持开展为促进解决"三农"问题办实事活动。民建各级组织参加服务"三农"活动 13000 余人次，捐助资金近 800 万元，引进农业科技项目 150 个，会员企业投入开发资金 1.93 亿元，举办农业科技培训班300多期。与政府部门密切协调,共培训农村富余劳动力和下岗职工30多万人,安置了30多万名下岗职工和农村富余劳动力。2005年民建会员企业吸纳安置下岗职工和转移农村劳动力17万人。为改善贫困地区办学条件,各级组织和会员已援建了500多所希望学校,2005年援建了83所。投入助学资金1500万元,还协调组织西部贫困地区子女到东部接受培训,安置就业。为促进生态建设,实现可持续发展,民建积极参加治理石漠化和沙漠化及植树造林活动,全会在各地造林达90万多亩,植树7000万多株,在丰宁建立了民建生态保护林,建设了2279个沼气池,11项人畜饮水工程。

此外,全会充分利用组织优势,积极推动东、西部的交流与合作,引导推动会员企业参与西部大开发和振兴东北等老工业基地建设。为加强与企业会员的联系,新成立了物流小组、房地产小组和职业教育小组,扩大了会员企业家的活动平台。组织部分会员企业参加了第二届中国中小企业博览会。

(四) 自身建设

民建七大提出把本会建设成为理论上清醒、政治上坚定、组织上巩固、制度上健全,充满活力的致力于建设中国特色社会主义的参政党。按照这一目标的要求,全会以思想建设为核心,以组织建设为基础,以制度建设为保障,坚持内强素质、外塑形象,不断推进自身建设,努力提高参政能力。

1. 加强思想建设,巩固多党合作的思想基础。

面对国际国内的新形势新任务,以及成员思想状况的发展变化,民建坚持把思想建设作为自身建设的首要任务。全会认真学习"三个代表"重要思想、中共十六届四中、五中全会和《中共中央关于进一步加强中国共产党领导的多党合作和政治协商制度建设的意见》（以下简称《意见》）精神，坚持理论联系实际、工作结合学习，不断提高广大会员的思想政治素质，巩固多党合作的思想基础。

各级领导集体带头学习，自觉提高政治把握能力。坚持中心组学习制度，围绕中共中央有关会议和文件精神、《反分裂国家法》、构建社会主义和谐社会等主题开展了学习活动。会中央主席、副主席分别深入基层宣讲《意见》精神，使广大会员受到鼓舞，并带动全会形成良好的学习风气。

注重参政党理论建设。围绕"建设一个什么样的参政党、怎样建设这样的参政党"的基本问题，总结实践经验，形成了《中国民主建国会史稿》、《孙起孟文稿选编》、《成思危论民建工作》、《中国民主建国会基本知识》等一批理论成果。为了总结好民建60年实践经验，会中央组织理论研究力量，围绕"总结60年基本经验，提高参政能力"开展了重点课题研究，收到各级组织报送研究成果124篇，评选出优秀论文29篇，编印成册。7月13日至14日，民建中央以"总结民建60年基本经验"为主题召开了理论研讨会。

充分利用重要节日、纪念日开展主题教育活动。8月31日，召开了纪念抗日战争胜利60周年座谈会。9月28日，召开了纪念胡厥文先生诞辰110周年座谈会。11月8日，在重庆市举行了民建成立纪念碑揭碑仪式。倡导广大会员铭记历史，继承和弘扬先辈们的优良传统和崇高精神，坚持爱国主义，致力于中国特色社会主义事业，树立和巩固全会共同的政治理想。

开展了以"建设新世纪参政党、做合格民建会员"为主题的征文活动，各地会员踊跃参加，共收到来稿460多篇，评选出优秀作品50篇。

注重舆论宣传工作，塑造良好的参政党形象。努力办好会内刊物和网站，充分发挥其在指导会务、交流信息、宣传教育等方面的积极作用。

2. 加强组织建设，提高会的组织程度和整体素质。

加强组织建设，提高会的整体素质，对于建设适应新世纪要求的参政党具有重要意义。民建中央提出了向市级组织和基层组织延伸，以加强面对面工作指导和培训为重点，以对基层组织深入开展调研，建立组织信息动态管理系统为基础的组织建设工作新思路。

围绕基层组织建设问题，各级组织认真落实《民建中央关于加强基层组织建设的意见》，以丰富活动形式、规范规模设置、加强制度建设为重点，努力把基层组织建设成为自我教育的学校、团结互助的集体、参政议政的桥梁、培养人才的基地。会中央主席、副主席及组织部门深入地方组织调研，参加支部组织生活，召开各种形式座谈会，认真研究基层组织工作中存在的问题及解决的措施。会中央主席、副主席分工联系省级组织，并将联系的范围延伸到省辖市级组织，到目前共深入 143 个市级组织，传达会中央精神，面对面地进行工作指导，使地方组织直接了解会中央的精神，也使会中央充分了解地方工作情况，掌握后备干部队伍现状，更深入地认识会情。

会中央提出切实加强三个方面队伍的建设，即企业经营管理者和与经济界联系的专家学者两支基本队伍建设，以各级委员会委员、专委会委员、支部主任为主体的骨干队伍建设，和会务工作者队伍建设。为此，进一步加大了培训工作的力度。采取"以会代训"的方式，召开了"民建会员任司法机关县处级以上领导干部座谈会"、"民建中央组织工作座谈会"。举办了市级组织主委培训班，15 个省的 26 位市级组织主委参加了培训。举办了新增补（选）省级组织副主委培训班，8个省的12位副主委参加了培训。会中央主席、副主席亲自授课，通过交流、座谈等互动的形式，重点解决如何提高参政议政能力、抓好会务工作及领导班子建设等问题。举办了省级组织组织管理系统操作人员培训班，不断完善组织信息动态管理系统。

会中央培训中心与企业家共同创办的"建华企业家课堂"，面向企业界会员和会友，在全国各地成功举办多次，并开设了区域性分课堂，共有3000多人参加了培训。与中国人民大学合作，成立了中国人民大学建华研究院，重点为非公有制企业培养职业经理人。

3. 加强制度建设，推进工作的制度化、规范化、程序化。

制度建设更带有根本性、全局性、长期性和稳定性。民建围绕发挥参政党的职能，制定了一系列措施、规定和细则，逐步形成一套比较科学的领导体制和工作机制。一是建立健全学习制度，提高学习的成效。坚持领导集体的中心组学习、机关干部学习、基层支部学习制度，并不断探索新的学习方法和形式。二是坚持民主集中制，注重完善贯彻民主集中制的各项制度和工作机制。在领导工作上，强调发挥集体领导的作用，遵循业已制定的会议制度和规则。对会的重大问题，都要在酝酿、协商的基础上进行会议表决。在领导集体建设上，引入竞争机制，中央委员会实行择优选拔、差额选举，推进会内民主。如八届十二次中常委会议从各地推荐的四十名的人才择优选拔，遴选出19位中央委员候选人人选，提交八届四中全会正式选举。三是建立健全工作制度，提高工作效率。各级组织的部门工作、专门委员会工作及机关各项管理都严格遵守现有的规章制度，并根据新的实践不断加以完善，推进各项工作的规范化、制度化和程序化。四是积极探索会内监督制度。在各级领导集体认真推行谈心会、民主生活会等制度，实行年终述职、届中评议考核等制度，不断完善会内监督的体制和机制。

截至 2005 年 6 月底,民建共有地方组织 346 个。其中包括省级组织 30 个,省辖市级组织 264 个,区、县及县级市组织 52 个,基层组织(含小组)4993 个,会员 100971 人。

(孟效中)

八、中国民主促进会活动纪要

2005年是我国"十五"时期最后的一年,中共中央带领全国人民全面落实科学发展观,推动我国经济建设、政治建设、和谐社会建设取得了辉煌业绩。

2005年,中国民主促进会在中共十六届四中、五中全会精神指引下,深入学习贯彻中共中央2005年《意见》,围绕加强参政议政能力建设和纪念民进成立60周年这两件大事,开拓进取,求真务实,取得了新成果,积累了新经验。

现就2005年度重要会议及活动、履行参政党职能、加强自身建设等方面做纪要如下。

(一) 重要会议及活动

1. 民进十一届八次主席会议。

2005年2月23日至24日,民进十一届八次主席会议在北京召开,民进中央主席许嘉璐,常务副主席张怀西,副主席陈难先、潘贵玉、蔡睿贤、王立平、严隽琪、王佐书出席会议。会议传达了中央统战部对港澳台工作精神，报告了全国政协十届三次会议上民进中央大会发言和提案的准备情况，研究讨论了民进加强参政议政能力建设的问题。秘书长赵光华等列席会议。

与会领导同志一致认为，把加强参政议政能力建设作为年度工作重点十分必要。民进中央要拟定加强参政议政能力建设的指导性意见，切实加强领导。民进对港澳台开展工作起步较早，通过举办"中华传统文化与现代化研讨会"等探索了对台工作的新路子。民进中央学习了中央统战部对港澳台工作的指示精神后，倍受鼓舞。

2. 民进十一届八次中常会。

2005年3月9日，民进十一届八次中常会在北京召开。民进中央主席许嘉璐，常务副主席张怀西，副主席冯骥才、潘贵玉、蔡睿贤、王立平、严隽琪、王佐书、贺旻，秘书长赵光华等民进十一届中央常委38人出席会议。

会议传达了民进十一届八次主席会议精神，研究了如何进一步加强参政议政能力建设的问题。许嘉璐主席主持会议并作了重要讲话。他指出，民进各级组织要深刻理解中共中央对当前形势的科学判断和把握，明确今年政府工作的总体部署，把思想和行动统一到中共中央的方针政策和决策部署上来。

张怀西常务副主席在会上就坚持"一国两制、和平统一"的方针，积极开展海外联谊工作作了部署。会议审议通过了学习贯彻两会精神的通知。

3. 民进各级组织学习贯彻中共中央2005年《意见》。

中共中央2005年《意见》是新世纪新阶段指导我国多党合作事业发展的纲领性文件。民进中央把学习、宣传、贯彻这个文件确定为加强自身建设的一项至关重要的政治任务，于3月25日及时下发学习贯彻《意见》的通知，编印了学习宣传提纲。4月15日在会中央机关举行了民进中央学习贯彻《意见》精神报告会，邀请《意见》的起草人之一，中央统战部一局袁廷华副局长作了辅导报告。6月1日，民进中央中心学习组举行学习会，继续深入学习《意见》。各级组织纷纷举办学习会、报告会和研讨会，推动全会的学习。民进中央领导同志发表了多篇畅谈学习体会的文章，积极向民进地方组织和基层会员宣讲《意见》精神。民进中央和省市级组织利用《民主》、民进网站和地方组织会刊、网页加大学习宣传的力度。

4. 2005年民进中央专门委员会第一次全体会议。

2005年民进中央专门委员会第一次全体会议3月31日在京召开。各专委会在京委员、机关有关部门负责人等百余人参加了会议。会议的主要内容是学习贯彻中共中央《意见》，总结换届以来各专委会参政议政工作，制订各专委会2005年的工作计划要点，重点研究进一步完善、健全专委会工作制度和机制的问题。

许嘉璐主席在会上作了重要指示。他指出，今年全会的工作重点是加强参政议政能力建设。提高参政议政能力是一个长期的过程，我们在取得参政议政巨大进步的同时也要及时回头看，找出我会参政议政中的"软肋"和差距。今年，要把加强专门委员会工作作为提高参政议政能力的第一个大问题来研究。王立平副主席主持会议并作了讲话。民进中央副秘书长兼参政议政部部长虞音通报了工作情况。民进中央教育、出版、文化艺术、妇女儿童、经济、科技医卫、社会和法制、联络等8个专门委员会进行了分组讨论，委员们畅所欲言，在构建和强化专门委员会参政议政的中坚力量、完善和创新专门委员会参政议政的长效机制、促进和提高专门委员会参政议政的实效等方面达成了共识。

5. 纪念马叙伦先生诞辰 120 周年座谈会。

2005 年 4 月 28 日，民进中央在京举行纪念马叙伦先生诞辰 120 周年座谈会。许嘉璐主席在讲话中说，马叙伦先生是著名的教育家、坚强的民主战士、忠诚的爱国主义者，他的信仰和精神永远是我们学习的榜样，是我们的力量极其宝贵的来源。"只有跟着共产党走，才是在正路上行"，这句话是经过马老毕生探索、追求、磨练得出的生命真谛，应该成为中国民主促进会全会的座右铭。民进中央在京的副主席、名誉副主席，中央统战部有关领导，民进中央各部门、有关专委会、民进北京市委会的负责人以及马叙伦先生的亲属等出席了座谈会。

6. 民进十一届九次中常会。

2005 年 6 月 10 日至于 12 日，民进十一届九次中常会在大连举行，民进中央主席许嘉璐，常务副主席张怀西，副主席潘贵玉、蔡睿贤、王立平、严隽琪、王佐书、贺旻，秘书长赵光华等 32 名常委出席了会议。会中央各部门负责人及 29 个省级组织专委会主任代表列席了会议。会议深入学习中共中央 2005 年《意见》，审议了《民进中央关于加强参政议政能力建设的意见》，交流了民进各省级组织专门委员会工作的情况。许嘉璐主席在讲话中指出，改进和加强专门委员会的工作是提高全会参政议政能力的一个很好的抓手。加强参政议政能力建设的文件将是民进今后一段时间参政议政工作的指导性文件，希望大家认真审议。

7. 祝贺雷洁琼同志百年华诞暨《雷洁琼画传》出版座谈会。

2005 年 9 月 11 日，民进中央在全国政协礼堂隆重举行祝贺雷洁琼同志百年华诞暨《雷洁琼画传》出版座谈会。

民进中央名誉主席雷洁琼，1905 年出生于广东，是著名社会学家、法学家、教育家和社会活动家，是中国现代女性和知识妇女的杰出代表，是中国民主促进会创始人之一。她作为与中国共产党长期亲密合作的民主党派老一辈领导人，为我国新民主主义革命和中国特色社会主义建设事业，为推动社会主义民主法制建设，为巩固和完善中国共产党领导的多党合作和政治协商制度做出了积极贡献。

全国政协副主席、中共中央统战部部长刘延东热情地向雷老祝贺生日。全国人大常委会副委员长、民进中央主席许嘉璐，全国人大常委会副委员长、民革中央主席何鲁丽，北京大学副校长吴志攀，中国政法大学党委副书记李书灵等在座谈会上讲话。全国人大常委会副秘书长李连宁，全国政协副秘书长齐续春，全国妇联书记处书记张世平，民盟中央名誉副主席吴修平，民建中央副主席陈明德，九三学社中央副主席金开诚等各界人士参加了座谈会。

8. 民进参政议政工作年会（2005）。

2005年11月1日至3日，民进参政议政工作年会（2005）在京开幕。会议交流了各省级组织加强参政议政能力建设的成果和经验，进一步明确民进加强参政议政能力建设的方向与任务，研究和部署2006年的参政议政工作。民进各省级组织代表、民进中央参政议政特邀研究员、民进中央各专门委员会主任共120余人参加会议。

11月1日，民进参政议政工作年会（2005）开幕，许嘉璐主席作了主题报告。许主席在讲话中指出，中共中央2005年《意见》对民主党派发挥民主监督、参政议政作用作出了更加完善的制度安排，这同时也是对民主党派提出了新的更高的要求。科学发展观为社会主义现代化建设指明了正确的方向，也为民主党派履行职责注入了新的内涵。全会必须把加强参政议政能力建设提到紧迫的日程上来，要始终将发展作为参政议政的第一要务，将科学发展观意识、责任和要求全面渗透于参政议政的各项工作中。11月2日，举行了反映社情民意信息工作会议。11月3日，民进参政议政工作年会圆满完成了各项议程胜利闭幕,张怀西常务副主席作总结讲话,对全会今后的参政议政工作提出了希望和要求。

9. 中国民主促进会成立 60 周年纪念大会。

2005 年 12 月 9 日,中国民主促进会成立 60 周年纪念大会在北京人民大会堂举行。中共中央政治局常委李长春出席大会并代表中共中央致贺词,他充分肯定了民进在中国革命、建设、改革各个历史时期发挥的重要作用和做出的积极贡献并热诚地对民进提出了希望。

全国人大常委会副委员长、民进中央主席许嘉璐在大会上讲话。他回顾了民进 60 年来的奋斗历程,总结了民进的历史经验,强调民进必须认清新的形势和任务,抓住机遇,迎接挑战;必须与时俱进加强自身建设,在继承的基础上发展创新;必须全力为推进中国特色社会主义事业做出新贡献。

全国人大常委会副委员长、中国农工民主党中央委员会主席蒋正华代表各民主党派中央和全国工商联在大会上致贺词。王立平副主席宣读了雷洁琼名誉主席的贺信。民进上海市委会副主委、复旦大学副校长蔡达峰代表全体民进会员发言,会员沈竹音宣读了纪念大会致全国民进会员书。

全国政协副主席、中共中央统战部部长刘延东,国家新闻出版总署署长石宗源、中华民族文化促进会主席高占祥、中央统战部副部长楼志豪,全国人大、全国政协、中共中央台湾事务办公室、中央统战部、教育部、科技部、国家民委、国土资源部、农业部、文化部、国家药品食品监督管理局、国家林业局、各民主党派中央、全国妇联、中华职教社、中国长城学会等有关部门和单位的负责同志应邀出席大会。民进中央领导、民进中央参政议政特邀研究员、专家、学者以及出席、列席民进十一届四中全会的人员等 700 余人出席了大会。

10. 中国民主促进会第十一届中央委员会第四次全体会议。

2005年12月10日至12日,中国民主促进会第十一届中央委员会第四次全体会议在北京举行。

12月10日上午,会议开幕。民进中央常务副主席张怀西主持开幕式,民进中央主席许嘉璐作工作报告,民进中央副主席王佐书作关于《民进中央关于加强参政议政能力建设的意见》的说明。

民进中央副主席冯骥才、潘贵玉、蔡睿贤、王立平、严隽琪、王佐书、贺旻,秘书长赵光华及民进中央委员160人出席会议。

12月10日下午,出席十一届四中全会的中央委员和列席人员听取了国家发展和改革委员会主任马凯所作的专题辅导报告。12月11日全天和12日上午,全会进行了分组讨论。12月12日下午,民进十一届四中全会在京胜利闭幕。会议审议通过了大会决议,原则通过了《民进中央关于加强参政议政能力建设的意见》。会议增选王康等21位同志为中央委员,增选程幼东同志为中央常委,增选罗富和同志为民进中央副主席。原民进中央副主席蔡睿贤辞去了民进中央副主席和民进中央常委职务。

(二)履行参政党职能

2005年,民进各级组织在中共十五届五中全会和《意见》精神指引下,努力履行参政党的各项职能,在积极参与政治协商、参政议政、民主监督、社会服务和开展对台工作方面都取得了可喜的成果。

1. 积极参与政治协商。

2005年中共中央、国务院就经济形势、宏观调控、编制国家

"十一五规划"、教育发展、2006年经济工作等问题召开座谈会、通报会、专题协商会等7次，诚恳地进行政治协商。民进中央对参与政治协商高度重视，会前充分做好准备，会上坦诚、中肯地发表意见。所提意见得到了中共中央和国务院的肯定和重视。2005年5月，在国务院召开的党外人士座谈会上，民进中央就金融不良资产的处置问题发言，提出了切实可行的建议。中国银监会领导极为重视这些建议，专程到民进中央走访，做深入地交流和探讨。

2. 认真履行参政议政、民主监督职能。

（1）加强参政议政能力建设。

民进中央把加强全会的参政议政能力建设作为2005年的重点工作，进行了认真部署。为了指导和推动参政议政能力建设，民进中央从年初就开始拟定《民进中央关于加强参政议政能力建设的意见》，边实践、边调研、边完善，不断修改补充，多次在主席会议、中常会上认真讨论审议，最后在十一届四中全会上正式通过。

各级组织以学习贯彻中共中央2005年《意见》为主线，以增强"立会为公，参政为民"的责任感和使命感、不断提高参政议政能力为主要内容，开展了形式多样、内容丰富的学习、培训活动。据不完全统计，全会29个省级组织举办参政议政骨干培训班、工作研讨会以及跨省（市、区）的工作片会等活动60余次。通过学习和培训，各级领导班子不断增强政治意识、党派意识和全局观念，提高了在参政议政中的领导能力、协调能力与团结合作能力。

民进中央走访了兄弟党派中央，虚心求教，吸取"用尽各类人才聚其智，激活各种机制调其力，优化各种机构用其能"的宝贵经验。在民进中央领导同志带领下，就加强参政议政能力建设问题选择具有代表性的省级地方组织开展调研，为会中央了解会情、部署工作提供了重要依据。

（2）在"两会"期间履行参政议政、民主监督职能。

每年的"两会"都是民进本着"围绕中心、服务大局"的精神为推动经济社会健康发展建言献策的主要场所，也是向全社会集中展示参政议政成果的极好时机。2005年3月3日和5日，全国政协十届三次会议和十届全国人大三次会议相继在京开幕。民进会员中现有全国政协委员79人，全国人大代表58人。本年度民进中央共提交党派发言5份，党派提案9份，民进组提案14份。民进中央关于"十一五期间农产品市场建设"的建议案被列入会议期间提案办理座谈会的内容，与政府有关部门进行了沟通。会后，民进中央陆续收到了中共中央和国务院有关部门的正式答复23件，提案的内容受到了高度评价并予吸纳。在全国政协大会上，有3位民进委员分别代表会中央或以个人名义作了大会发言。其中关于促进我国少数民族地区经济社会发展和加强出版事业改革与发展的发言，受到国家有关部门的充分肯定和高度重视。陈守义同志关于建立企业不良资产问责制的发言先后获得7次热烈的掌声。

据不完全统计，在2005年省级政协大会上，民进各省级组织共提交党派提案300余件，被列为重点督办提案和得到中共省委、省政府领导批示的提案有160余件，占提案总数的53%。其中许多意见和建议已经被采纳、落实。

（3）科学选题，与地方组织协作开展专题调研。

民进中央学习贯彻科学发展观和构建和谐社会的战略决策，抓准切入点，科学选题，邀请专家论证，细化调研方案，科学、认真地组织考察调研。

在中共中央统战部组织的各民主党派中央和全国工商联一年一次的专项调研活动中，民进中央许嘉璐主席、张怀西常务副主席率考察团深入四川省，并和重庆、四川、江西、陕西、甘肃等5省、市民进共同进行了"星火富民"专题调研,对坚持实施"科教兴农"战略,提出了多层面、多角度的建议,向中共中央、国务院做了反映,温家宝总理作出批示。

作为2005年另一个重点调研课题,民进中央和14个省级组织共同就少数民族义务教育问题,在民族自治地区的近40个地(州、市)、100余个县(市)、近300个乡(镇)、近千所中小学进行了调研。在各级政府和民族工作部门、教育部门的支持下,获得了第一手材料,共同总结了少数民族义务教育发展的成功经验,分析了所遇到的困难、问题及其成因,研讨了对策建议。2005年10月,会中央在北京举行了专题研讨会,会后形成了《中国少数民族地区义务教育发展状况报告》(草稿)。

坚持"巩固老阵地,开拓新领域"的方针,民进中央借助社会各方面的力量,先后举办或参与了多项论坛研讨和考察调研,如"中国基础教育改革与发展座谈会"、"考试公正与教育公平——21世纪教育沙龙"、"职业教育改革与发展研讨会"、"我国办学体制改革中理论与实践问题研讨会"、"文化建设与经济发展战略座谈会"等。这些研讨和调研聚集了中央与地方、会内与会外的专家学者,提出了许多具有真知灼见的意见建议,为参政议政提供了丰富的素材和资源。

各地民进组织的参政议政工作也极其活跃,紧密结合当地的经济社会发展实际和人民群众关心的热点、难点问题,通过专题调研报告、建议书、政协提案等形式建言献策,发挥了参政党应有的作用。民进湖北省委会主委蔡述明荣获了国际《湿地公约》颁发的湿地保护领域的最高奖项——拉姆萨尔湿地保护科学奖,成为我国第一个获此奖项的学者。

(4)创新参政议政的工作制度和机制。

民进中央建立了《走访有关国家部委工作制度》，今年年初先后走访了国家农业部、科技部、教育部、文化部、民政部、国土资源部、新闻出版总署、国家民委、食品药品监督管理局、环保总局、林业局等11个部委，取得了良好的效果。据统计，2005年民进在全国政协大会上提出的各类提案中有12份来自走访工作成果。

注重把组织发展与参政议政相结合，不断扩充参政议政的骨干队伍，制作了《民进参政议政人才库》光盘发给地方组织以实现全会人才共享。

进一步完善参政议政工作年会制度。2005年的工作年会交流了加强参政议政能力建设的经验，对于继续完善参政议政工作机制和制度、提高全会参政议政水平起了重要的促进作用。

各级地方组织都把逐步建立和完善富有本地特色的参政议政工作机制作为一件大事来抓，先后建立和完善了领导机制、实施机制、机关服务机制，取得了较大的成效。据不完全统计，今年各省级组织就加强参政议政工作出台了相关条例、办法、规定、制度等计90余项。

（5）充实和健全参政议政骨干队伍。

以整合人才资源为目标，以加强专门委员会工作为重点，不断充实和完善参政议政骨干队伍。会中央8个专委会新增委员13人，副主任委员4人，并增聘6名参政议政特邀研究员。会中央和一些地方组织通过调整专委会的设置、健全专委会的制度，更加明确了专委会是参政议政第一线的基本单位的职能，增强了专委会工作的主动性。一批具有较好政治素质、较大社会影响、较深群众基础、较高参政议政能力、较强合作共事意识的高素质中青年会员被充实到各级专委会，壮大了骨干队伍。民进在参政议政中与政府、社会团体、会外专家学者的联系和合作更加广泛、深入，富有成效。

(6) 加强信息工作。

为了进一步提高信息工作质量,民进中央采取了多项措施:一是学习、借鉴兄弟党派的先进经验;二是将信息工作并入参政议政部;三是会中央领导带头,发动会内代表性人士撰写信息,提高信息的权威性和采用率;四是利用参政议政工作年会对信息工作进行了专题研讨和部署。在各级组织的共同努力下,民进反映社情民意的信息工作在全国政协参加单位中,继续保持较好水平,2005年民进中央信息工作部门共收到各方面报送、转送的信息稿件2000余件,《民进信息》共编发近400期,其中一些信息得到国家领导人重视并作了批示。

3. 社会服务工作取得新成绩。

民进在支边扶贫工作中贯彻科教兴国战略,落实"科教扶贫、生态富民"的指导方针,努力为"三农"服务,深入开展"科教扶贫、生态富民"示范项目和重点地区支边扶贫工作。把扶贫工作重点与当地实际结合起来,把人才培养和科技示范结合起来,把扶贫开发与生态环境保护结合起来,走"定点扶贫"、"科教扶贫"和"开发式扶贫"的路子。2005年,黔西南州30万亩金银花种植基地建设取得了阶段性的成果。目前已完成了22万亩的种植任务,并初步形成了"公司加基地加农户"的发展模式,为石漠化的治理找到了一条有效途径。

民进中央主要领导会同国家林业局考察了贵州省毕节生态实验区,就长江上游生态保护和毕节试验区扶贫工作发表了指导性的意见,推动了该地区总体发展规划的完善。在此基础上,会中央发动会内外专家对当地生态建设提出了许多可行的意见建议,并逐步得到落实。民进中央加大了在滦平县的科教扶贫力度。会中央领导多次带领有关单位和部门深入实地,探索建立良好的帮扶机制,协助当地政府制定扶贫工作规划，推动已有扶贫项目不断产生效益。

民进中央支持地方组织以多种形式开展扶贫工作，"六个西进"工作不断得到推进。各地广泛开展了送医送药送科技三下乡帮扶活动，取得了较好效果。2005年，开展扶贫工作的民进市级以上组织174个，开展扶贫工作1369次，参加扶贫活动11793人次，受益235565人次，引进资金4766万元，投入资金575万元，投入物资折合人民币近640万元。

为推动《民办教育促进法》和《民办教育促进法实施条例》的实施，民进中央在全国开展了调研，深入了解民办教育特别是民办职业教育的现状和存在的问题。截止到2005年底，民进系统办学机构计302所，在校学生近37万人，专职教职工12382人，兼职教职工6946人，学校占地面积206885亩，建筑面积1580366平方米，固定资产328980万元。

各地方组织认真贯彻会中央"引导、教育、支持、服务"方针，正确引导民营企业界民进会员不断提高政治素质，积极参与参政议政、社会服务、海外联谊等活动。民进现有民营企业界会员近800人，88%以上为大专学历，担任各级人大、政协职务的共有271人。民营企业界会员捐助社会公益事业22700万元，捐助希望学校10所，为扶贫济困做出了贡献。

民进中央及有关省、市组织主动争取国家科技部门的支持，与地方政府共同推进和深化星火产业带的建设，为促进西部大开发和区域协调发展献计出力。在西部地区继续开展捐资助学、手拉手助学等活动，加大支持和引导各级组织及会员办学支教的力度，并发挥优势，多种形式地为西部地区培训骨干教师。

今年，在国务院第四次全国民族团结进步表彰活动中，民进四川省委会、云南省委会获得了先进集体称号，龙耀宏、李士杰、马文宝等 3 位会员荣获先进个人称号。

4. 积极开展对台工作取得新进展。

民进各级组织深入领会和贯彻中共中央对台工作精神与部署，积极主动、开拓创新，不断拓宽促进两岸和平统一工作的渠道。2005 年，民进中央先后在北京举办了"首届海峡两岸中学校长教育论坛"，在陕西咸阳举办了"第三届海峡两岸中华传统文化与现代化研讨会"，以中华传统文化为纽带，以学术交流为形式，促进了两岸交流。首次以民进中央的名义在武汉举办了"海峡两岸企业发展与合作论坛"。这次活动共有 240 多位台湾、香港、大陆工商界人士参加，签订鄂台合作项目 21 个，投资总额 4.21 亿美元。为纪念抗日战争胜利 60 周年，民进中央促成并参与了在南京举行的"海峡两岸九·九同歌抗战歌曲演唱会"，达到了弘扬民族精神、促进两岸交流的目的。

民进在对台工作中，不断加强与政府部门、社会团体的合作，及时、经常地反映台情信息。民进积极主动开展对台工作的举措及所取得的成绩得到了中共中央统战部、国务院台办的充分肯定和大力支持。

（三）切实加强自身建设

1. 以纪念民进成立六十周年为契机加强传统教育。

2005 年，会中央和各级地方组织以"继承传统、开拓创新"为主题，通过纪念大会、文艺演出、征文、诗歌朗诵会、书法摄影展、知识竞赛、演讲比赛等多种形式，有组织、有计划地开展了民进成立 60 周年纪念活动，加强全会的传统教育和宣传思想工作，推动政治交接不断深化。

会中央编辑出版了《民进风采》画册,编辑制作了《中国民主促进会六十年》专题记录片,制作了民进会史展览幻灯和图库。对1995年后我会跨世纪10年的历史进行了梳理,编写了《中国民主促进会1996—2005年大事记》。

2005年,民进中央举行了纪念马叙伦先生诞辰120周年和徐伯昕同志诞辰100周年座谈会;为庆贺民进名誉主席雷洁琼同志百岁华诞出版了《雷洁琼画传》等会史学习资料;在《民主》杂志和宣传网站上开展了"回眸60年——多党合作基础知识有奖征答"活动,近万人积极参与;成功举办了《我与民进》征文活动并出版了《足迹与心曲——我与民进征文选编》。这些举措把会庆活动延伸到了基层,收到了很好的效果。

为纪念民进成立60周年加强了面向社会的宣传,充分运用报刊、电台、电视、网络等媒体,宣传我会的光荣历史和优良传统以及我会履行参政党职能取得的成果,扩大了民进的影响。

2. 加强组织建设结硕果。

民进各级组织把组织发展与参政议政紧密结合起来,加大会员发展力度,不断充实后备干部队伍。2005年,会中央以出版界为切入点,主要领导带队走访,召开有关人员座谈会,吸收了一大批出版界的行政领导和业务骨干入会。截止到2005年年底,民进共有会员9.9万人,平均年龄50.4岁,50岁以下会员占全体成员的53.3%。现有省级组织29个,市县组织302个,基层组织5806个。从界别分布上看,教育界占69%,文化艺术界占6.2%,新闻出版界占2.1%,科学技术界占2.5%,医药卫生界占5.7%,经济界占6.3%,机关、团体和其他界别占8.1%。

民进中央积极推荐优秀会员担任社会职务,会员中现有全国人大代表58人,省及市县人大代表1638人;全国政协委员79人,省及市县政协委员 8795 人；担任县处级以上政府及司法机关实职 558 人。今年先后有 20 余名会员被推荐担任中华海外联谊会理事、特约检察员、国家特邀国土资源监察专员等职务。

2005 年，民进中央组织部确定北京、山西、河北的 7 个基层支部作为首批"民进中央基层工作联系点"，制定了联系点联系制度，以多种方式与基层支部保持日常联络。

民进中央在各省级组织的配合下，立足 2005 年"届中调整"、着眼 2007 年换届，有计划、有目的地发展会员，选拔后备干部，充实了骨干人才储备。截至 2005 年年底，已有 17 个省级组织顺利地进行了"届中调整"，全会组织建设工作进一步呈现出朝气蓬勃的景象。

3. 各级组织机关建设展新容。

2005 年年初，民进中央机关举行了第四届部门工作研讨会。会中央继续采取多种措施全面提高干部的综合素质，派员到地方挂职锻炼。机关组织了处级干部和新录用公务员的培训，举办学习讲座，由会中央领导和有关专家授课。经民进中央主席办公会议审议、通过的《民进中央机关文化建设规划纲要》和《民进中央机关 2005—2010 年文化建设规划》开始实施，举行了民进中央首届机关文化建设研讨会。进一步完善机关制度、工作规范和优化工作程序，建设和谐的具有特色的机关工作环境。

2005 年，民进中央机关和各省级组织的信息化建设都取得了阶段性成果。主席办公会议审议批准的《民进中央机关信息化建设的指导意见》和《民进中央机关 2005-2010 年信息化建设规划和 2015 年远景目标》为加强信息化建设指明了方向。目前，为配合参政议政能力建设，信息资源库建设已经启动，初步建立了组织信息管理和参政议政专业数据库系统，规划和建立了文件基础数据库。民进网站不断优化,在会内外取得了较好的宣传效果。各省级组织普遍把信息化建设提上了议事日程,有的省级组织建立了机关工作局域网或自办网站或网页。加强信息化建设使机关干部转变了观念,工作更加高效。

(王柄舟)

九、中国农工民主党活动纪要

2005年,中国农工民主党坚持以邓小平理论和"三个代表"重要思想为指导,深入学习中共十六大和十六届三中、四中、五中全会以及中发[2005]5号文件精神,贯彻科学发展观,坚持把发展作为参政议政的第一要务,努力加强参政能力建设,积极履行参政党职能,各项工作取得了新进展。

(一)深入学习贯彻中共中央2005年《意见》精神,进一步加强参政党建设

2005年2月,中共中央颁布了《关于进一步加强中国共产党领导的多党合作和政治协商制度建设的意见》(以下简称《意见》),这是以胡锦涛同志为总书记的中共中央坚持和完善中国共产党领导的多党合作和政治协商制度的一项重大举措,是我国政治生活和多党合作事业中的一件大事。农工党中央对此高度重视,中央理论学习中心组、十三届九次常委会专题组织学习讨论,并向全党发出通

知,要求各级组织和全党同志,把学习宣传和贯彻落实 5 号文件精神作为一项重要政治任务。

为了进一步推动各级组织和广大党员深入学习 5 号文件精神,农工党中央以党刊《前进论坛》为载体,举办了"学《意见》、学《党章》(《中国农工民主党章程》)、《读本》(《中国农工民主党党员读本》)——纪念中国农工民主党成立 75 周年知识竞赛"活动。各级组织认真动员学习,精心组织答卷,全党有 53% 的党员参加了活动,答卷正确率达到 83%,收到了较好的学习效果。许多地方组织以此为契机,普遍组织开展了一次比较全面的统一战线理论方针政策的再学习、再教育活动。10 月中旬在厦门召开的全国宣传思想工作会议上,总结交流了农工党学习《意见》的情况,对进一步学习《意见》精神进行再次动员和部署,要求从推进社会主义政治文明建设、坚持走中国特色政治发展道路的战略高度,进一步学习好、宣传好、贯彻好《意见》精神,进一步夯实多党合作的思想政治基础,为加强中国共产党领导的多党合作和政治协商制度建设做出更大贡献。

1. 思想理论建设和社会宣传工作取得新成果。

一年来,农工党各级组织紧密联系工作实际,结合学习贯彻中共中央 2005 年《意见》精神,进一步加强思想理论建设和社会宣传工作,使广大农工党员对中国共产党领导的多党合作和政治协商制度的发展过程、在国家政治生活中的地位以及方针政策有了更加深入的认识,进一步增强了接受中国共产党领导的坚定性和自觉性。

坚持把理论学习、理论研究与指导实践相结合,加强参政党理论建设。农工党中央主要领导同志身体力行,蒋正华主席、李蒙常务副主席撰写的《发挥民主党派作用,为和谐社会建设贡献力量》、《加强多党合作制度建设,推进多党合作事业发展》等理论文章分别在《人民日报》、《人民政协报》、《中国统一战线》等媒体刊发。各级地方组织积极响应中央下发的《理论研究课题年度计划》，结合工作实际，确定重点课题，围绕加强参政党建设、发挥参政党作用等课题开展研究，取得了一批研究成果，有 24 个省级组织上报论文 296 篇，并初步形成了专兼结合的理论研究骨干队伍。在此基础上，农工党中央宣传部表彰了 11 个理论研究先进组织和 50 篇优秀论文的作者，编印出版了优秀论文集，推动了理论建设工作的进一步开展。

各级宣传部门努力实现社会宣传工作的经常化、制度化和规范化，社会宣传报道的数量和质量都有新的提高。不完全统计，一年以来中央级主要新闻媒体对农工党工作的有关报道有 300 多篇。农工党中央宣传部组织的反映本党工作情况的重点宣传稿件，在《人民日报》、《光明日报》、《人民政协报》等新闻媒体刊发，及时反映了农工党履行参政党职能、加强自身建设的工作实际。省级组织也加强了与当地主要新闻媒体的合作，宣传介绍本党的工作情况。党刊《前进论坛》坚持正确的政治方向，不断提高质量，扩大发行，已成为宣传统一战线理论和多党合作制度方针政策的重要载体，成为广大成员交流思想的重要论坛和展示精神面貌的重要窗口。

2. 深入开展组织工作调研，进一步加强组织建设。

截至 2005 年 9 月底，农工党党员总数为 93598 人，其中医药卫生界占 62.2%，科技界占 9.0%，文教界占 18.3%，其它界别占 10.5%。目前全党有 430 位党员在各级政府及司法机关任职，1567 位党员当选各级人大代表，8093 位党员担任各级政协委员，还有一批党员被各级政府部门及司法机关聘为特约检察员、监察员、审计员、教育督导员等。他们认真履行职责，积极发挥作用。

一年来，各级组织深入学习贯彻中共中央 2005 年《意见》精神，贯彻《关于进一步做好民主党派组织发展工作座谈会纪要》等文件精神，根据农工党十三大提出的各级领导班子要进一步提高政治理论水平、领导水平和参政议政能力，搞好领导班子建设，继续推进政治交接的要求，围绕组织建设做了大量工作。农工党中央组织部在此基础上，一是开展组织建设调研，先后到广东、贵州等7个省级组织开展调研。通过调研，与当地中共党委统战部门进行沟通，增进了对相关省级组织工作和基层组织基本情况的了解。二是开展组织建设的理论研讨工作，农工党中央组织部9月份在河北召开了组织建设理论研讨会，探索新时期民主党派组织建设的特点和规律。三是进一步加强干部的推荐、培训工作。推荐了一批优秀党员担任政府、司法机关实职和特约监督人员，推荐了一批骨干党员参加中共中央统战部举办的第13、14期民主党派干部进修班、培训班，第26、29期党外领导干部出国研修班，第13期香港特区区情讲座培训班。5月份在杭州举办了中青年党员培训班，30个省级组织的32位中青年党员参加了培训。四是加强组织工作的制度化、规范化、程序化建设。农工党中央组织部在总结工作惯例的基础上，结合近年来的组织工作经验，编辑完成了《组织工作程序文件资料汇编》，明确了组织工作的一些必要程序，用以指导各省级组织部门的日常工作和即将展开的换届工作。五是组织建设的基础工作进一步加强。4月份，农工党中央组织部在北京举办了党员数据库操作人员培训班。目前，各省级组织已经安装了党员数据库软件，正在录入资料，计划在年底前能够实现中央与省级组织之间的点对点通信。

农工党中央和地方组织通过各种方式，支持本党成员立足岗位建功立业。广大农工党员爱岗敬业，勤奋工作，涌现出许多先进人物和优秀人才，2005年又有一批成果显著、贡献突出的党员获得重大奖励和荣誉。农工党中央张大宁副主席获国家卫生部中医药科技进步二等奖。桑国卫副主席担任国家科技部 863 重大专项"创新药物和中药现代化"的总体专家组长,在我国创新药物战略联盟的建立和重大平台能力建设中取得重大成绩。山东刘振华同志荣获第 40 届"南丁格尔奖"。山西郭新志同志荣获联合国世界和平基金会"自然医学优秀成果奖"。李朋德等一批党员分别获得"国家科技进步奖"、"全国劳动模范"、"全国优秀律师"、"全国优秀教师"、"全国民族团结进步模范个人"等国务院和国家部委颁发的奖项和荣誉称号。还有许多党员在不同领域获得多种奖励和荣誉,为农工党赢得了荣誉。

3. 立足于发掘整理和记录农工党与中国共产党风雨同舟、并肩战斗的光荣传统,进一步加强了党史资料的抢救和整理工作。

由农工中央研究室组织,上海、浙江、重庆、江西、福建、天津等省级组织共同编写的《中国农工民主烈士传》已正式出版;《中国农工民主党一千人物传》的编写工作,历时两年已经完稿。编辑印发的《农工党党史工作通讯》,分别寄送解放前加入农工党的老同志,激发了他们对有关史实的回忆,不少同志撰写回忆文稿寄送农工党中央,成为宝贵的党史材料。以纪念抗日战争胜利 60 周年为契机,农工党中央研究室召开了《抗战时期的农工党》史料征集座谈会,开展收集、整理抗日战争时期的农工党史料工作。为做好《新时期多党合作案例》的编辑工作,农工党中央研究室召集东、中、西部 6 个省级组织的同志共同研究编辑工作方案,并在 9 月份召开的执行编委会议上进行了安排布置。各省级组织对"新时期多党合作案例"的编辑工作非常重视,有的召开主委会议进行专门研究,有的在常委会上专题审议。

4. 隆重纪念建党 75 周年和邓演达诞辰 110 周年。

今年是农工党建党 75 周年,也是农工党创始人邓演达烈士诞辰

110 周年。7 月初，农工党中央在北京召开建党 75 周年纪念大会，农工党中央常委、中央老同志、中央专门工作委员会委员、优秀党务工作者代表、中央机关干部及离退休同志、北京、天津、河北等周边省市的党员代表 100 多人出席会议。10 月中旬，农工党中央与广东省委会、惠州市委会联合在惠州市召开邓演达先生诞辰 110 周年纪念座谈会，农工党中央以及上海、江苏、河南、湖北、广东等邓演达工作战斗过的地方的省级组织负责人、邓演达研究人员等 50 多人出席会议。结合建党 75 周年系列纪念活动，农工党中央表彰了一批优秀党务工作者。各级组织通过召开纪念会、出版纪念专刊等形式开展纪念活动。党刊《前进论坛》开辟专栏、发表专文，总结党的历史经验和优良传统，宣传中国共产党领导的多党合作和政治协商制度，宣传新时期爱国统一战线的重大作用，加强优良传统教育，巩固多党合作的政治基础。

5. 机关建设进一步加强。

过去的一年里，农工党中央和地方各级组织认真贯彻落实农工党中央 2004 年召开的机关建设工作会议精神，以建设效能型、廉洁型、信息型、学习型、和谐型机关为目标，进一步加强机关的思想建设、作风建设和制度建设。农工党中央机关的制度化、规范化、程序化建设进一步加强，各职能部门和机关工作人员，根据机关"三定"确定的职责各司其职。机关的人事、财务、事务等方面的规章制度进一步建立健全，机关后勤保障工作与职能部门的业务工作相互支持、相互促进，共同完成了中央确定的各项工作任务。

农工党中央机关近几年招考录用了近 20 位工作人员，为使年轻同志尽快熟悉机关工作环境，适应机关工作要求，机关倡导成立的机关青年学习小组（"绿叶小组"），坚持开展理论政策和业务知识的学习，努力提高理论政策水平和工作能力。坚持编印反映机关工作情况的《上周情况通报》，加强了机关各部门、各处室之间的信息沟通。中央和地方的党务网站建设进一步加强和完善，广大党员通过浏览网站更多地了解党的工作情况。党务网站进一步成为加强党的组织与党员交流沟通的平台，成为展示农工党自身建设和参政议政各项工作的平台。

（二）贯彻落实科学发展观，围绕中心，积极履行参政议政职能

2005年是全面完成"十五"计划目标的最后一年，也是制定"十一五"规划的关键之年。农工党以邓小平理论和"三个代表"重要思想为指导，牢固树立和落实科学发展观，以发展为参政议政第一要务，紧密围绕中共中央、国务院确定的中心工作，落实农工党十三届三中全会所提出的工作任务，适应新形势，与时俱进，团结一致，积极开拓新的工作思路，实践新的工作方式，取得了良好效果。

1. 积极参与政治协商。

一年来，中共中央、国务院先后就关于进一步加强中国共产党领导的多党合作和政治协商制度建设、关于保持共产党员先进性教育活动、关于制定国民经济和社会发展第十一个五年规划的建议、关于国家经济工作以及其他关系国家全局的重大问题，召开了8次党外人士座谈会，农工党中央在调查研究的基础上，积极提出意见建议。蒋正华、李蒙等农工党中央领导人应邀参加国家重要外事和国事活动，出席国务院有关会议。农工党地方组织的领导人，出席中共党委和政府召开的协商会、座谈会，参与地方重大方针政策的协商，分别就政府工作、经济工作、"十一五"规划等事关经济和社

会发展的重大问题积极提出意见建议。

2. 协助党和政府制定好国民经济和社会发展第十一个五年规划。

近两年，农工党把为国家制定"十一五"规划建言献策作为履行职能的大事，动员全党力量，就事关国家经济社会发展的重大问题，通过开展调研、组织专题论坛和研讨会等方式，凝聚全党智慧，积极提出意见建议。农工党中央主要领导人就建设节水型社会、促进水资源可持续利用问题向国务院提出了意见建议，温家宝总理作了重要批示，具体建议由有关部门组织实施。去年农工党中央赴福建调研海峡西岸经济发展问题提出的"关于加快福建港口发展的建议"，温家宝总理高度重视，今年国家发展和改革委员会答复给予福建港口优先发展和重点支持。去年农工党中央赴黑龙江考察资源型城市经济转型问题提出的"关于我国资源型城市转型的对策建议"，促成了黑龙江哈大齐工业走廊的规划建设，以及大庆市作为石油资源城市经济转型试点、伊春市作为林业资源城市经济转型试点。6月，农工党中央赴江西就"构建和谐社会，发展新型农村合作医疗"开展调研，浙江、江苏、湖南、青海等省级组织也开展了同步调研。10月，农工党中央分别在北京主办了"国家医药卫生体制改革研讨会"、在内蒙古乌海市与中共内蒙古自治区党委和自治区政府联合主办了以"生态健康与循环经济"为主题的"第二届中国生态健康论坛"，党内医药卫生界及生态环保等领域的专家学者近200人出席会议，围绕国家医药卫生体制改革、生态健康与循环经济等重大问题，开展研讨活动。会议收到论文100多篇，从中整理、提炼出了一批意见建议，分别以提案、社情民意信息等方式报送有关部门。

中共中央高度重视各民主党派对制定"十一五"规划的意见建议。8月16日，胡锦涛同志主持召开党外人士座谈会，听取各民主党派中央、全国工商联、无党派人士的意见建议，农工党中央就进一步完善城乡医疗保障、加强流域规划、加快海峡西岸经济区建设、在构建和谐社会中发挥民主党派作用等方面提出了建议。7月11日至12日，全国政协召开国民经济和社会发展"十一五"规划和2020年远景目标的编制座谈和协商会，左焕琛副主席代表农工党中央在会上作了《关于"十一五"期间发展我国卫生事业的若干建议》的发言，就推进医疗体制改革等方面提出意见建议。

3. 高度重视通过人民政协履行参政党职能。

在全国政协十届三次会议上，农工党提交大会发言28篇，提案183件。其中以农工党中央名义提交大会发言7篇，提案26件；以政协农工组委员提交大会发言21篇，提案157件。农工党中央在大会上作了《保护长江，形势严峻，任重道远》的发言。其中，《关于在西部地区大力发展循环经济》、《关于加强我国循环经济法制建设》两篇提案，被全国政协列为重点提案；《关于改革我国现行法院经费保障体制的建议》的提案，被财政部列为重点办理提案。在全国政协十届第十次、十一次常委会上，农工党中央分别作了《民主党派在构建和谐社会中的作用》、《落实科学发展观，深化医疗卫生体制改革》的发言。

为落实农工党中央与中共重庆市委关于加强协作的《纪要》精神，农工党中央与国务院三峡办、重庆市人民政府共同在云阳县启动了三峡库区库岸绿化工程。农工党组团赴美国考察田纳西河流域水资源开发和管理情况，为借鉴国际经验促进长江上游和三峡库区生态环境建设积极建言献策。为落实农工党中央与中共黑龙江省委关于加强协作的《纪要》精神，农工党中央与中共黑龙江省委、省政府联合召开了关于"建立资源开发补偿机制和衰退产业援助机制"座谈会，积极促进资源型城市的转型发展。

4. 社情民意信息工作进一步加强。

为进一步做好社情民意信息工作，5月份，农工党在北京召开了全党社情民意信息工作会议。会议交流了各地开展社情民意信息工作的做法和经验，邀请全国政协研究室信息局的负责同志作了专题报告。通过这次会议，各级组织进一步提高了对反映社情民意信息重要性的认识，进一步加强了社情民意信息工作。许多省级组织、地市级组织的主委、副主委亲手收集、撰写社情民意信息。广大党员把反映社情民意作为履行参政议政职能的重要方式，结合岗位工作实际，积极反映群众意愿和各方面的真实情况，反映带有普遍性、典型性和倾向性的情况和问题。2005年年初至11月底，农工党中央研究室收到各级组织和党员报送的社情民意信息520多件，是2004年的3倍多，2003年的6倍多，信息来源进一步拓宽，信息质量进一步提高。农工党中央研究室向全国政协研究室信息局编报《信息专报》95期，全国政协采用上报12期。其中，重庆市委会报送的《从人感染猪链球菌疫情反思生猪屠宰管理问题》等信息受到国务院领导的高度重视。

5. 专委会工作取得积极成果。

农工党中央各专门工作委员会的200多位委员，依照工作规程，发挥专业特长，围绕参政议政和其他重点工作，积极组织开展活动。一是在调研基础上撰写提案。2005年各专委会报送中央的提案，有11件被确定为重点提案提交全国政协十届三次会议。二是围绕国家"十一五"规划的制定，组织开展调研和研讨活动。今年以来，各专委会组织开展了有关公共卫生体制改革、国家医疗保障体系建设、加快我国城际轨道交通建设、高等学校教育和科研问题、加强司法保障等方面的调研课题40余项；医药卫生工作委员会、法律工作委员会分别就"十一五"时期的医疗卫生体制改革、司法体制改革等问题组织召开专家研讨会;经济工作委员会与中央科技工作委员会联合举办"前进发展论坛",探讨能源战略与可持续发展问题等。三是承办农工党中央主办的"国家医药卫生体制改革研讨会"和"第二届中国生态健康论坛"的组织工作,取得了圆满成功。编辑出版了《关注与探索》、《生态健康与循环经济》论文集。四是积极开展服务群众的社会公益主题活动。医药卫生工作委员会以关注艾滋病人为主题,继去年在河南省确山县开展义诊、捐赠活动之后,今年又向河南省柘城县艾滋病人捐赠了12万元的医疗器械和计生用品。文化工作委员会举办以"民间收藏鉴宝"为主题的免费咨询活动,今年举办了6场,受益群众达400余人。妇女工作委员会把每年六一儿童节确定为"爱心日",开展送爱心主题活动,连续两年向北京第二儿童福利院孤残儿童送去儿童用品、书籍和衣物等。

6. 为推进两岸关系发展和祖国统一大业积极开展联络工作。

农工党认真学习中共中央关于对台工作的方针政策以及胡锦涛同志3月4日发表的关于新形势下发展两岸关系的重要讲话,学习第十届全国人民代表大会第三次会议审议通过的《反分裂国家法》,高举爱国主义旗帜,贯彻"寄希望于台湾人民"的方针,广泛团结海内外爱国人士,坚决反对和遏制"台独"分裂活动,努力为推动两岸关系和平稳定发展,促进祖国完全统一作贡献。

为充分发挥人才优势开展工作,农工党提出了"多交朋友、多立项目,加强沟通、加强合作"的工作方法,今年主要开展了六项工作:一是制定工作规划。农工党中央下发通知要求各级组织对近几年开展的工作进行总结,对拟开展的工作进行规划,建立中央与地方开展联络工作的机制和工作网络。二是召开联络工作座谈会。6月份,农工党中央召集沿海省级组织在广东省珠海市召开了联络工作座谈会,交流和探讨如何发挥我党组织和人才优势开展推进两岸关系发展和祖国统一大业的联络工作。三是中国中医药研究促进会组团访问台湾，开展中医药文化交流活动。四是在中秋节期间举办参观联谊活动，邀请在北京中医药大学等院校就读的部分台湾学生参观京郊乡镇卫生院。五是由中国中医药研究促进会与福建省委会共同举办"中医药发展论坛"，邀请台港澳有关专家出席。六是以农工党福建、江西、广东省委会为主，研究探讨建立与台湾客家团体的联络活动。各地方组织及许多农工党员也根据自身情况和条件积极开展有关工作。

（三）社会服务工作进一步拓展

树立和落实科学发展观，紧紧围绕经济建设这个中心，自觉服务于改革、发展、稳定大局，把各方面的智慧和力量凝聚到实现全面建设小康社会的奋斗目标上来，促进社会主义物质文明、政治文明、精神文明的协调发展和人的全面发展是民主党派社会服务工作的头等大事。4月份召开的农工党社会服务工作会议，总结交流了各级组织开展社会服务工作的做法和经验，编辑印发了《社会服务工作指南》，提出了新阶段社会服务工作的新要求。中部六省（市）的省会城市召开以为中部崛起服务为主题的社会服务工作研讨会，探索在区域经济发展中拓宽参政党社会服务工作的渠道。江苏省委会按照中共江苏省委、省政府"倾全省之力，全面开放江苏经济"的号召，组织我党有海外关系的党员为招商引资搭桥，共引进项目资金12.57亿元。

1. 发挥自身优势，积极做好智力支边科技扶贫。

农工党山东省委会、泰安市委会按照党中央、国务院"整村推进，劳动力转移培训和产业化扶贫"的指示，利用山东农业大学在泰安市和党内拥有的高素质农业专门人才的优势,努力探索科技扶贫的新途径。坚持智力帮扶由一次性服务、短时讲座,逐步发展为长期性服务,定点建立科技示范基地。在泰安市岱岳区范镇、宁阳县菖石镇建设蔬菜和果树科技示范基地,以科技培训、科技成果转化和科技项目实施等举措与地方政府密切合作,在设施农业、品种改良、提高种植技术上取得显著成效,使农民人均年收入增长500元。促进了地区经济发展,走出了一条民主党派科技扶贫的新路子。农工党中央和贵州省委会利用爱德基金会的农村综合发展基金,继续在大方县最贫困的星宿乡实行第二轮"1+1"滚动养牛扶贫项目,实施进展效果良好,已有200户农民受益走上脱贫道路。

2. 发挥传统优势,以定点帮扶乡镇卫生院为切入点,探索参与农村卫生工作。

中央社会服务部确定的定点帮扶乡镇卫生院已经达到70所。中国初级卫生保健基金会接收美国爱心基金会捐赠的价值2000多万元的药品和医疗用品,全部用于支持定点帮扶的乡镇卫生院。中央社会服务部与吉林省委会、重庆市委会联合开展的培训农村卫生人员的"杏林工程"试点,已培训300多人。

3. 整合全党资源,扎实有效地开展支边助教和职业技能培训,为创造学习型社会作贡献。

农工党上海市委会发挥自身特点与优势,与本党成员创办的康盈公司合作开展远程医疗教育,为偏远地区和基层卫生单位服务。广东省委会就新形势下社会服务工作的内容、方式和形式进行积极探索,对富裕地区如何充分发挥组织优势做好社会服务工作进行了认真思考。从当前我国亟待解决的"三农"问题入手,开展面向西部和本省贫困地区的助学支教活动。全省各级组织捐资13万多元,资助广西、云南和本省135名贫困学生学习,收到了良好的社会效益。农工党云南省委会与上海市委会合作，共同筹集资金，建立了"农工沪滇江裕希望小学"。农工党山西省委会发挥成员的智力优势，建立了农工党山西人才培训输送基地，与大专院校和企业联合，职业教育与学历教育并重，短期教育与长期教育结合，形成了集职工教育管理、干部培训、安全培训、学历教育、技工教育等多层次、多功能的综合培训体。目前，各级组织和党员援建的希望小学 60 多所，资助失学儿童 2000 多名，涌现了一批智力支边扶贫的先进典型。

4. 积极稳妥，因地制宜做好法律援助工作。

民主党派充分发挥自身优势，按照国务院"法律援助条例"积极参与法律援助工作，是民主党派为构建和谐社会做贡献的充分体现，是民主党派拓展社会服务新领域的积极探索。农工党充分发挥优势，积极稳妥、因地制宜地开展工作，引起了全党的积极响应，宁夏、江苏、上海、安徽、北京、重庆、湖北、广东等省市都充分发挥在法律界、律师界等党员的积极作用，筹建和建立法律援助机构，稳妥有序地开展了法律援助活动。浙江、山西等省级组织成立的 11 个法律援助机构，组织开展服务弱势群体的法律援助工作，通过无偿代理诉讼和开展法律咨询活动，直接受益群众 300 多人。

5. 精心组织，突出特色，不断创新，把"国际科学与和平周"活动办成展现新时期民主党派形象的广阔舞台。

农工党作为主办单位，从第五届"和平周"活动开始，通过各级组织的积极参与，将"和平周"活动推向全国。从开始的几个省发展到如今已有 30 个省、自治区、直辖市及 100 多个城市的委员会举办了"和平周"的活动。活动的内容涉及文化、教育、卫生、经济、科技、法律等诸多领域。农工党有数千名专家参加"和平周"活动，他们的足迹遍及城市工矿社区，农村县、乡、村，将"让科学造福人类,愿和平充满世界"的理念传到百姓的心中,将科学与和平的种子播撒到祖国大地。2005年,农工党上海、江苏、山东、重庆、辽宁等地组织开展了以"科学护牙,口腔健康"为主题的科技咨询服务活动,深入机关、工厂、社区等地,受到热烈欢迎,扩大了农工党的社会影响。

12月3日至5日,农工党在京举行十三届四中全会。蒋正华代表农工党第十三届中央常务委员会作工作报告。报告回顾总结了2005年农工党的工作后指出,2006年是国家"十一五"规划的开局年,是切实落实科学发展观,把经济社会发展转入全面协调可持续发展轨道的关键一年。农工党要进一步增强历史责任感和时代紧迫感,紧密团结在以胡锦涛同志为总书记的中共中央周围,牢固树立科学发展观,与时俱进,开拓进取,锐意创新,倍加努力,为实现国民经济和社会发展第十一个五年规划的目标,推进社会主义经济建设、政治建设、文化建设与和谐社会建设全面发展做出新的更大贡献。

(石光树、王鑫帅)

十、中国致公党活动纪要

致公党2005年的工作方针是：在以胡锦涛为总书记的中共中央领导下，以邓小平理论和"三个代表"重要思想为指导，学习中共十六大和十六届三中、四中全会精神，学习贯彻《中共中央关于进一步加强中国共产党领导的多党合作和政治协商制度建设的意见》，树立科学发展观，与时俱进、开拓创新、求真务实，进一步加强自身建设，切实履行参政党职能，各项工作开拓新局面，做出新成绩。

（一）重要会议及活动

1. 中央常务委员会会议和中央委员会全体会议。

中国致公党第十二届中央常务委员会第九次全体会议。

会议于3月9日在北京举行。会议的议程：（1）学习贯彻"两会"精神；（2）通报《致公党中央2005年工作要点》；（3）讨论《致公党中央关于进一步发挥中央委员作用的意见（讨论稿）》；（4）讨论《致公党中央重要事项报告制度（试行）（讨论稿）》；（5）传达全国侨务工作会议精神；（6）讨论并通过《致公党中央关于学习贯彻"两会"精神的决议（草案）》；（7）罗豪才主席讲话。

中国致公党第十二届中央常务委员会第十次全体会议。

会议于 6 月 8 日至 9 日在北京举行。会议的议程是：（1）学习《中共中央关于进一步加强中国共产党领导的多党合作和政治协商制度建设的意见》；（2）罗豪才主席讲话；（3）讨论《致公党中央工作规则（讨论稿）》；（4）审议并通过《致公党中央关于加强致公党的参政能力建设的若干意见（草案）》；（5）审议并通过《致公党中央关于重要事项报告制度（试行）（草案）》（6）讨论并通过《致公党中央关于进一步发挥中央委员作用的意见（草案）》；（7）通过有关人事任免事项。

中国致公党第十二届中央常务委员会第十一次全体会议。

会议于 10 月 1 日在北京举行。会议的议程是：（1）听取关于中国致公党成立 80 周年纪念大会筹备情况的汇报；（2）审议并通过《中国致公党成立 80 周年纪念大会程序（草案）》；（3）审议并通过《中国致公党成立 80 周年纪念大会各次会议主持人、报告人名单（草案）》；（4）审议并通过《致力为公　参政兴国——在中国致公党成立 80 周年纪念大会上的讲话》；（5）通报《致公党中央关于表彰先进集体和优秀党员的决定》；（6）通报纪念致公党成立 80 周年征文活动评选结果；（7）审议并通过《关于增补麻建国等同志担任中央专门委员会副主任的建议》。

中国致公党第十二届中央常务委员会第十二次全体会议。

会议于 12 月 15 日在北京举行。会议的议程是：（1）学习中共中央有关文件；（2）审议致公党十二届四中全会议程（草案）；（3）审议致公党十二届四中全会日程（草案）；（4）审议《中国致公党十二届四中全会各次会议主持人、报告人建议名单》；（5）审议

《中国致公党第十二届中央常务委员会工作报告（草案）》；（6）听取和审议《中国致公党第十二届中央常务委员会第十二次全体会议关于接受王宋大同志提出不再担任中央委员会副主席、常委、委员职务请求的建议》；（7）审议《致公党中央各专门委员会2005年工作报告》；（8）审议《致公党中央关于进一步发挥中央委员作用的意见（征求意见稿）》。

中国致公党第十二届中央委员会第四次全体会议。

会议于12月16日至17日在京举行。会议的议程是：（1）学习中共中央有关文件；（2）听取和审议《中国致公党第十二届中央常务委员会工作报告》；（3）听取和审议《中国致公党第十二届中央常务委员会第十二次全体会议关于接受王宋大同志提出不再担任中央委员会副主席、常委、委员职务请求的建议》；（4）审议《致公党中央关于进一步发挥中央委员作用的意见（草案）》；（5）通过《关于中国致公党第十二届中央常务委员会工作报告的决议（草案）》；（6）通过《中国致公党第十二届中央委员会第四次全体会议关于接受王宋大同志提出不再担任中央委员会副主席、常委、委员职务请求的决定（草案）》。

2. 中央的工作会议全党扶贫开发工作会议。

会议于3月22日至23日在重庆酉阳县举行。会议的议程是：（1）学习"三个代表"重要思想和科学发展观；（2）学习国家有关扶贫开发的方针政策；（3）总结交流扶贫开发工作经验；（4）讨论明年扶贫开发工作任务。罗豪才主席、吴明熹、杨邦杰副主席及中央社会服务工作委员会和各省级及中央直属组织负责同志，致公党内的部分企业家出席了会议。国家林业局等有关部委负责同志也应邀出席了会议。

全党参政议政和反映社情民意工作会议。

会议于12月11日至12日在海南省海口市举行。会议的议程是：（1）总结近年来致公党参政议政工作的经验；（2）表彰致公党参政议政和反映社情民意工作先进集体和先进个人；（3）部署今后一段时期参政议政和反映社情民意工作任务。罗豪才主席出席开幕式并作了题为"以科学发展观统领民主党派参政议政工作"的讲话。杨邦杰副主席及各省级及中央直属组织分管参政议政工作的负责同志等出席了会议。

全党海外联谊工作座谈会。

会议于11月21日至24日在浙江省杭州市举行。会议的议程是：（1）学习中共中央领导同志关于侨务工作、对台和港澳工作的重要讲话精神；（2）听取关于全国侨务工作会议精神的专题报告；（3）讨论《致公党中央海外联谊工作条例（征求意见稿）》；（4）总结交流海外联谊工作的经验。吴明熹副主席和各省级及中央直属组织以及沿海地区计划单列市分管海外联谊工作的负责同志等出席了会议。

全党基层组织建设工作会议暨优秀组织工作者表彰会议。

会议于6月19日至21日在辽宁省鞍山市举行。会议的议程是：（1）学习2004年《关于进一步做好民主党派组织发展工作座谈会纪要》；（2）表彰优秀组织工作者；（3）讨论《致公党中央关于加强基层组织建设的意见（征求意见稿）》；（4）总结交流基础层织建设经验；（5）研讨有关组织建设理论及后备干部队伍建设问题。会议授予93位同志为致公党优秀组织工作者荣誉称号。罗豪才主席，王宋大副主席、曹鸿鸣秘书长及各省级及中央直属组织专职副主委等出席了会议。

3. 致公党成立八十周年纪念大会及活动。

中国致公党成立于1925年10月。10月2日在人民大会堂隆重举行了中国致公党成立80周年纪念大会，国内外各界人士700余人出席大会。中共中央政治局常委、国家副主席曾庆红代表中共中央致贺词；各民主党派中央、全国工商联和各涉侨单位以及海外侨胞和港澳台同胞代表先后向大会致贺词。致公党中央主席罗豪才在纪念大会上作题为"致力为公，参政兴国"的讲话。讲话回顾了致公党成立80周年来的历程，总结了致公党在多党合作制度下不断发展的成功经验，号召全体党员发扬光荣传统，为国家富强和祖国统一再立新功。

纪念致公党成立80周年的系列活动。致公党中央先后举行了"心系祖国统一，同创中华振兴"海外侨胞与港澳台同胞座谈会、纪念致公党成立80周年书画展、致公党各级组织刊物展、纪念中国致公党成立80周年招待会等活动。致公党中央还表彰了50个先进集体和81名优秀党员，开展了"纪念致公党成立80周年"征文活动，出版了《中国致公党八十年》画册和《我们的声音》、《致公党先进集体优秀党员事迹汇编》、《致公党基层组织建设经验交流材料汇编》、《致公党第七届至第十届中央委员会大事记》、《中国致公党中央议政文集（二）》等书籍。致公党各省、市级组织也纷纷通过纪念会、座谈会、出版纪念专刊等形式，共贺致公党成立80周年。以纪念致公党成立80周年为契机，全党开展了一次生动的党史、党章和统一战线理论教育。

（二）认真履行参政议政职能

2005年致公党中央组织和动员各级地方组织和广大党员，以科学发展观为指导，坚持把发展作为参政议政第一要务，围绕经济建设中心，服务改革发展稳定大局，深入调查研究，积极建言献策，全党的参政议政工作保持良好的态势，取得了很好的成效。

1. 参与高层政治协商。

致公党中央主要领导同志先后7次出席胡锦涛总书记和温家宝总理召开的高层协商会；16次出席中共中央、国务院举行的各种协商会、座谈会和情况通报会，先后就《政府工作报告（征求意见稿）》、《反分裂国家法（征求意见稿）》、《中共中央关于制定国民经济和社会发展第十一个五年规划的建议（征求意见稿）》等有关文件的修改和宏观经济运行等方面的重大问题提出意见、建议，受到中共中央、国务院领导和有关部门的重视和肯定。

在上述高层协商会上，致公党中央领导先后提出"要继续加强和改善宏观调控，保持经济平稳运行"、"要加大控制固定资产投资规模的力度，防止反弹"、"要把农村劳务经济作为增加农民收入的非常重要的措施来抓"、"要继续重视扶贫开发工作"等建议。致公党中央对中共中央关于"十一五"规划的建议（征求意见稿），提出"不仅要加强经济建设方面的立法，还要注意做好政治建设、文化建设、社会建设方面的立法"、"积极探索扶贫开发的新思路"、"建立和完善四大补偿制度"、"进一步加快、加强循环经济建设"等建议。

2. 在政协会议上积极建言献策。

在全国政协十届三次会议上，以致公党中央名义的大会书面发言6篇，以政协致公组名义的大会书面发言4篇；报送以致公党中央或政协致公组名义的集体提案共42件；致公党政协委员的个人提案近百件。曹鸿鸣秘书长代表致公党中央在大会上作了《促进中部地区崛起，全面建设小康社会》的口头发言。致公党中央提案《关于加快农村信息服务体系建设的建议》被列为本次政协大会的一号提案。在会议期间，全国政协提案委员会就"促进中部地区崛起"和"加快推进循环经济发展"召开了两场重点提案现场办理会，致公党中央都被作为重点提案者，应邀出席座谈会，参加提案的协商办理。据统计，在政协十届三次会议期间，致公党中央的大会发言和提案得到媒体的广泛关注，中央电视台、人民日报、光明日报、人民政协报和各种专业性报纸等近百家媒体进行了采访和报导。

在全国政协十届十次常委会上，罗豪才主席作了《积极开展社区矫正工作，促进社会和谐稳定》的大会发言，吴明熹、杨邦杰副主席分别提出《加强文明社区建设，构建社会主义和谐社会》、《开拓我国扶贫开发新思路，构建社会主义和谐社会》的书面发言。在全国政协十届十一次常委会上，吴明熹副主席代表致公党中央作了《关于制定国家知识产权发展战略的几点建议》的大会发言，程津培、杨邦杰副主席分别提出《提升自主创新能力，走创新型发展之路》、《实施国家行动计划，确保我国水生生物资源可持续利用》的书面发言。

3. 深入实践开展调查研究。

在中共中央统战部的帮助下，5月底至6月初，罗豪才主席、杜宜瑾常务副主席率团赴安徽大别山就"贫困地区的发展与和谐社会的构建"进行了专题考察。通过考察调研，形成了《贫困地区的发展与和谐社会的构建》专题调研报告，向中共中央、国务院提交了《关于构建绿色扶贫示范区，整片推进大别山区发展的建议》。

致公党中央在总结近几年来参政议政专题调研经验的基础上，进一步加强了与政府部门、科研单位的合作。由致公党中央副主席担任课题组组长，先后开展了以下的调研活动：与交通部合作，进行了关于"西部山区农村公路建设"的调研；与科技部合作，进行了"提高自主创新能力，切实转变经济增长方式"的调研；与中国科学院植物所合作，进行了"关于促进草地资源可持续发展"的调研；与中国轮胎翻修利用协会和南开大学循环经济哲学社会科学创新基地联合,进行了"我国废旧轮胎资源综合利用"的调研;与中国名牌推进中心合作,进行了"产业集群与未来品牌发展问题"的调研。

为了充分汇集致公党内外专家的智慧,更好地发挥参政议政作用,致公党中央多次邀请党内外专家举行专题研讨会、座谈会。7月,致公党中央在京举行"构建节约型社会专题座谈会",就资源的节约利用、大力推行循环经济、建立健全生态补偿机制、循环经济的立法等问题进行了研讨。9月,致公党中央法制研究会与第22届世界法律大会组委会、北京大学知识产权学院联合举行"知识产权保护国际学术研讨会",来自北京市第一中级人民法院、日本北海道大学、台湾政治大学、清华大学等司法、教育、科研机构的百余位专家参加了会议。9月,致公党中央在京就"知识产权发展战略问题"举行座谈会,来自致公党中央法制建设研究会、国家知识产权局和北京大学的有关专家,就国家制定知识产权战略、知识产权人才培养、加强对中小企业知识产权的保护和运用等问题,进行了研讨。

4. 反映社情民意取得新进展。

致公党中央从信息源头、信息反馈上下功夫,规范信息工作程序,完善信息工作机制,形成了一套规范有序、富有成效的做法,全党的反映社情民意工作取得新进展。致公党共向全国政协、中共中央统战部报送社情民意信息360余篇,反映意见、建议1800余条。其中《关于加强地方政府债务管理的建议》、《关于改革国有企业利润分配体制的建议》、《中国个税税制严重滞后》、《中学历史教科书中应完整系统表述统一战线内容》等21篇被全国政协信息局采用。部分重要信息还得到了有关领导同志的批示。

5. 积极发挥专门委员会的作用。

致公党中央和各省级组织都成立了若干专门委员会。中央专门委员会的任务是：在中央常务委员会、主席会议（主席办公会议）的领导下，组织委员学习国家法律法规和方针政策；就国家大政方针以及政治、经济、文化和社会生活中的重要问题，开展调研研究，提出意见、建议；联系本党地方组织和广大党员，积极反映社情民意；就国家改革和建设中的重要问题，邀请有关专家学者举行座谈会、研讨会；组织有关活动，积极为党员知情出力、履行职能创造条件。致公党中央先后成立了参政议政工作委员会、环境与发展工作委员会、海外联谊工作委员会、留学人员联络工作委员会、社会服务工作委员会、妇女工作委员会、法制建设研究会、党务研究会、科技经济工作委员会等9个专门委员会。中央和地方各专门委员会作为致公党中央和各省、市级组织的助手，为致公党履行参政党职能和加强自身建设，发挥了积极的作用。

6. 在人大、政协、政府中任职情况。

罗豪才任全国政协副主席。

杜宜瑾任全国人大常委兼财经委员会副主任，王宋大任全国人大常委兼华侨委员会副主任，谷建芬任全国人大常委；担任全国人大代表33名，担任省、市、县级人大副主任、常委、代表等共计447名。

吴明熹任全国政协常委兼副秘书长，俞云波任全国政协常委兼外事委员会副主任，程津培、王钦敏、杨邦杰、许克敏、黄格胜、万钢任全国政协常委，担任全国政协委员51名，担任省、市、县级政协副主席、常委、委员等共计2429名。

程津培任科技部副部长、蒋作君任卫生部副部长、滕卫平任辽宁省副省长、甘霖任湖南省副省长、林方略任海南省副省长，俞云波任上海市人民检察院副检察长、国家二级大检察官,担任市、县级政府和司法机关领导职务的共计203名。

应邀担任中央及省、市、县各类特约人员共计397名。

(三) 积极开展海外联谊和港澳台工作

致公党成立于海外,"侨"、"海"是致公党的特色,开展海外联谊和港澳台工作是致公党的一项重要职能。一年来,致公党中央应邀出访9个团组,接待来访110个团组,接待国(境)外来宾达500余人次。

1. "五侨"合作,切实做好为侨服务工作。

长期以来,致公党中央与全国人大华侨委员会、国务院侨办、全国政协港澳台侨委员会、中国侨联(简称"五侨")加强了在侨务工作上的联系与合作,做到信息相通、资源共享、工作互动。春节前夕,罗豪才主席和"五侨"有关领导,赴广西华侨农场考察慰问,调查研究解决归侨、侨眷的现实困难问题。为了帮助华侨农场摆脱历史负担,致公党中央和"五侨"其他单位,共同向中共中央、国务院提出了《关于解决华侨农场历史债务问题的建议》。致公党中央和"五侨"其他单位还联合开展纪念郑和下西洋600周年系列活动,举行政协联组会、"五侨"联席会等活动。

2. 邀请海外侨胞和港澳台同胞参加致公党成立80年纪念活动。

10月,致公党中央邀请了来自24个国家和地区的96个社团的364位海外侨胞和港澳台同胞参加纪念中国致公党成立八十周年大会,还举行了"心系祖国统一,同创中华振兴"座谈会,组织了"百名华侨华人实业家武汉行"等活动。通过这些活动,与会的华侨华人和港澳台同胞进一步加深了对祖国的改革开放和现代化建设以及有关侨务、对台等政策的了解，与致公党有了进一步的交流，加深了相互的友谊，同时也促进了各国华侨华人及其社团之间的交流。

3. 继续加强与海外传统侨团的交往。

致公党中央先后应邀组团访问了美国、加拿大、澳大利亚、菲律宾、奥地利和法国等国家的传统侨团。代表团在访问中，参加侨团的重大活动，出席纪念世界反法西斯胜利60周年大会，出席促进中国和平统一大会，进行中华武术的交流。代表团与当地侨团和华侨华人广泛接触，到处受到热烈欢迎和热情接待。致公党中央还邀请了加拿大传统侨团来华访问。

4. 开展未建交国家侨团的工作。

4月，致公党中央组团访问了多米尼加。6月，应致公党中央邀请，由哥斯达黎加、尼加拉瓜、萨尔瓦多和危地马拉四国的华裔青年组成的美洲华裔青年联合会代表团来华访问。致公党在与未建交国家侨团的交往中，注重广泛联系团结这些国家侨胞中的新生代，与这些国家的青年侨团建立良好的关系，为促进未建交国家华侨华人资源可持续发展打下基础。

5. 继续做好对台联谊工作，加强与港澳地区的联系。

10月，致公党中央领导人邀请了一批台湾同胞访问大陆并出席纪念致公党成立80周年系列活动。在一系列联谊活动中，鼓励台湾岛内同胞加强团结，共同促进祖国统一。参加纪念活动的台湾同胞表示，要加强团结与合作，为"反独促统"作贡献。11月，致公党中央组织了武术交流代表团首次赴台湾访问。代表团"以武会友"，广泛接触台湾社团，并通过他们，接触拥护祖国统一的友好力量。致公党中央妇女工作委员会进一步加强与台湾"亲善妈妈协会"的联系，共同推动海峡两岸妇女界的交流与合作。致公党中央还继续与香港各界人士保持亲密交往，通过与香港律师界和教育界人士的接触，促进了解，增进共识。

6. 进一步开展留学人员工作。

今年，致公党中央副主席程津培当选为欧美同学会副会长。9月，致公党中央派员出席了全国留学人员创业园工作座谈会，与参会各单位交流了致公党近年来开展留学人员工作的经验。11月，致公党中央副主席吴明熹出席了第二届中国留学人员回国创业发展论坛。致公党中央还利用组团出访欧洲、美国的机会，广泛接触我海外留学人员。赴欧访问团在我国驻法大使馆举办了留学人员座谈会。赴美访问团在纽约访问了美国中国留学人员联谊会，在旧金山与留学人员举行了座谈和联谊。访问团在与留学人员的座谈中，进一步了解他们在回国创业、为国服务等各方面的意见和要求，听取他们对我国政治制度、经济社会发展等方面的意见和建议。

（四）社会服务工作卓有成效

3月，致公党中央在重庆市酉阳县召开了全党社会服务和扶贫开发工作会议，总结经验，表彰先进。罗豪才主席在会议上作了题为："以建设社会主义和谐社会为目标，团结奋斗，开拓创新，努力开创社会服务工作新局面"的重要讲话。吴明熹、杨邦杰副主席出席了会议。在会议精神指引下，致公党的社会服务工作不断开拓新的领域，取得显著成绩。

1. 积极参与和推动贫困地区经济社会发展。

为推动贫困地区经济社会的发展，致公党所联系的海外侨胞、港澳台同胞和本党党员慷慨解囊献计出力，在捐建希望小学、资助贫困学生、进行教育培训、开展义诊活动、进行助残救贫、提供技术咨询等方面发挥了卓有成效的作用。在国家有关部委的大力支持下,致公党中央和有关省级组织在重庆酉阳、贵州毕节和四川泸州的定点扶贫开发工作取得稳步进展,在安徽大别山地区资助通讯网络建设项目也顺利展开。

2. 社会办学增添新亮点。

目前,致公党组织和党员从自身的实际情况出发,坚持社会力量办学,创办和负责的各类学校运转良好。致公党北京市委会创办的北京燕京文化专科学校、致公党安徽省委会下属的合肥神行太保文武学校、致公党党员朱明瑛创办的北京现代国际艺术文化学院、致公党党员陈爱莲创办的北京爱莲舞蹈学校、以致公党党员郎荣标为校长的天津市霍元甲文武学校等,进一步发展壮大,创造了良好的社会效益。今年,致公党中央和有关地方组织,充分发挥这些学校的特点和优势,以地方戏和中华武术等为交流媒介,先后组团出访加拿大、泰国和台湾等国家和地区,为开展海外联谊和港澳台工作做出了贡献。

3. 社区服务体现新特色。

社区和谐是社会和谐的基础。致公党中央近年来十分关注社区工作。今年,致公党中央在充分调研的基础上,向有关部门提出了"积极开展社区矫正工作,促进社会和谐稳定"和"加强文明社区建设,构建社会主义和谐社会"等加强社区建设的建议。一年来,各级地方组织和党员也把构建和谐社区作为且切入点,通过科普知识讲座、法律咨询、医疗咨询和义诊、文艺演出等形式,积极开展社区服务工作。

（五）切实加强自身建设

1. 加强参政能力建设。

致公党中央通过对《中共中央关于进一步加强中国共产党领导的多党合作和政治协商制度建设的意见》的学习，深刻认识到《意见》的颁布，对致公党发挥参政党作用提出了新的更高的要求，必须加强参政能力建设，不断提高参政能力和水平。6月，致公党中央制定并颁发了《致公党中央关于加强致公党的参政能力建设的若干意见》。该文件要求全党深入学习和认真贯彻《中共中央关于进一步加强中国共产党领导的多党合作和政治协商制度建设的意见》的精神，充分认识加强参政能力建设的重要性和紧迫性，并对加强致公党的参政能力建设的若干重要问题，提出如下意见：其一，加强致公党参政能力建设的政治准则、工作方针和总体目标；其二，加强参政能力建设的主要任务；其三，以提高参政能力为重点，全面推进致公党的自身建设。

2. 深入开展理论方针政策学习，开拓宣传思想工作新局面。

（1）学习《中共中央关于进一步加强中国共产党领导的多党合作制度建设的意见》。

《意见》颁布后，致公党中央及时向地方组织下发了《关于学习宣传贯彻〈中共中央关于进一步加强中国共产党领导的多党合作和政治协商制度建设的意见〉的通知》，对学习贯彻文件精神作出全面部署。致公党中央领导同志、各级地方组织主委先后参加了中央和地方统战部门举办的多党合作制度建设专题研讨班，撰写理论文章和学习体会并在媒体上发表。致公党中央理论学习中心组和全体机关干部分别举行专题学习会。各地方组织也以学习报告会、读书会、研讨会、培训班等形式,深入学习文件精神。

(2) 学习《反分裂国家法》和"两会"精神。

今年"两会"期间,全国人大审议通过了《反分裂国家法》。致公党中央及时召开座谈会,学习讨论该法,统一思想认识,号召广大党员发挥与海外联系广泛的优势,广泛宣传《反分裂国家法》,继续以高度的使命感和责任感,积极投身到全面建设小康社会的伟大事业中去。

(3) 学习《中共中央致中国致公党成立 80 周年纪念大会的贺词》。

在纪念致公党成立 80 周年纪念大会上,曾庆红同志代表中共中央致贺词。纪念活动结束后,致公党中央立即举行主席会议,对学习贯彻中共中央贺词进行研究并做出部署,要求全党学习致公党 80 年来的历史经验,坚持中国共产党的领导,在多党合作政治格局中发挥更大的作用。

(4) 学习和弘扬抗战精神。

10 月,致公党中央召开了中国致公党纪念抗日战争胜利 60 周年座谈会。座谈会号召广大党员继承和发扬伟大的抗战精神,把纪念抗日战争胜利焕发出来的高昂爱国热情和伟大民族精神,转化为团结奋进、振兴中华的实际行动,为国家富强、民族振兴和祖国统一做出新的贡献。《中国致公》杂志和致公党中央网站都开辟专栏。刊登纪念文章,从不同侧面反映中国致公党在抗日战争中所作的贡献。

(5) 学习中共中央十六届五中全会精神。

中共十六届五中全会审议通过了《中共中央关于制定国民经济和社会发展第十一个五年计划的建议》。致公党中央召开了学习中共十六届五中全会精神座谈会,向地方组织下发了《关于学习贯彻中共十六届五中全会精神的通知》，要求全体党员认真学习贯彻中共十六届五中全会精神，充分认识我国经济社会发展取得的巨大成就，深刻领会《建议》的重要意义和丰富内容，鼓励和引导广大党员在各自岗位上，为"十一五"规划的顺利实现建功立业。

（6）深入调研，把握党员思想动态。

为了进一步了解和掌握广大党员特别是新党员的思想动态，致公党中央领导同志分别到福建、辽宁、安徽、四川、重庆等地开展调研。在调研过程中，中央领导同志为党员在学习中共中央5号文件中遇到的问题释疑解惑，统一认识。致公党中央还结合刘延东同志在2005年中央社院秋季开学典礼上的讲话精神，研究和部署进一步加强全党的思想建设。

（7）进一步加强宣传思想工作。

在致公党成立80周年纪念活动开展期间，组织撰写了关于致公党参政议政和涉侨工作的总结回顾性文章，相继在《光明日报》、《人民政协报》、《团结报》等以较大篇幅刊出。6月，致公党中央宣传部在安徽举办全党宣传干部培训班，总结交流经验，听取有关统战宣传、新闻写作等方面的专题讲座。《中国致公》杂志紧紧围绕致公党的中心工作，刊物质量不断提高。致公党中央网站及时报道致公党中央的重大事件，信息量不断增加，成为致公党中央与基层组织和党员之间快捷有效的沟通渠道。《中国发展》杂志关注我国经济社会发展中的热点问题，建言立论，为参政议政提供理论平台。中国致公出版社继续以出精品为重点，巩固已有成果，不断改进出版工作。

3. 着眼政治交接，组织建设取得新发展。

（1）切实加强领导班子和后备干部队伍建设。

致公党中央领导多次深入地方组织，就领导班子建设和后备干部的选拔、推荐、培养和使用进行调研，加强与地方中共统战部门的联系与沟通，为省级组织的换届做好准备。5月，致公党中央下发了《关于进一步贯彻〈中国致公党中央关于加强后备干部队伍建设的意见〉的通知》，加强对地方组织后备干部队伍建设和换届工作的指导。

（2）总结经验，推动基层组织建设。

致公党中央多次派员深入基层组织，开展基层组织建设的调研。6月，致公党中央召开了全党基层组织建设工作会议，总结交流基层组织建设工作经验。，表彰了93名"优秀组织工作者"。致公党中央还组织起草了《致公党中央关于进一步加强基层组织建设的意见（讨论稿）》。

（3）加强组织工作的制度化、规范化。

致公党中央在广泛调研的基础上，组织制定了《致公党中央关于进一步发挥中央委员作用的意见》、《致公党中央关于重要事项报告制度》、《中国致公党党员发展程序》等文件。各级地方组织按照致公党中央的要求，结合自身工作实际，也制定了相关的制度。

（4）加强机关建设。

致公党中央机关认真学习、实施《公务员法》，以能力建设为重点，开展了一系列干部培训工作。办公厅加强调研，总结经验，探索优质高效的机关工作机制。机关服务中心进行了一系列制度建设，发挥了有力的后勤保障作用。

（六）致公党组织基本情况

致公党中央主席罗豪才，常务副主席杜宜瑾，副主席王宋大、吴明熹、俞云波、王珣章、程津培、王钦敏、杨邦杰，秘书长曹鸿鸣。

致公党中央常委29名，中央委员108名。

致公党省级组织有：北京、上海、天津、重庆、广东、福建、广西、云南、四川、江苏、浙江、安徽、山东、辽宁、湖南、海南、贵州、湖北。中央直属市级组织有：西安。

致公党全党党员人数截止到2005年12月底为26567名。

（邱国义）

十一、九三学社活动纪要

2005年,中共中央颁发了《关于进一步加强中国共产党领导的多党合作和政治协商制度建设的意见》(以下简称《意见》),这是我国政治生活中特别是统一战线和多党合作中的一件大事。九三学社以建社60周年为契机,把学习、宣传和贯彻《意见》精神落实在各项工作中,坚持科学发展观,积极参与政治协商,认真履行参政议政、民主监督职能,积极开展社会服务,切实加强自身建设,各项工作扎实推进,为促进我国经济发展和社会进步,为维护团结和稳定做出了新贡献。

(一) 重要会议及活动

1. 振奋精神、凝聚力量,纪念九三学社建社60周年系列活动取得实效。

2005年9月3日是九三学社建社60周年纪念日。九三学社中央对此高度重视,成立了纪念活动筹备工作领导小组,并设立了办公室。九三学社以纪念建社 60 周年为契机,把纪念建社 60 周年与学习贯彻《意见》精神有机结合起来,紧紧围绕"总结历史经验,坚持多党合作,弘扬优良传统,提高参政能力,发挥更大作用"的主题,开展了多种形式的纪念活动。

(1) 召开纪念大会。

9 月 6 日,九三学社建社 60 周年纪念大会在北京隆重举行。中共中央政治局常委、全国政协主席贾庆林出席纪念大会并代表中共中央致贺词,充分肯定了九三学社爱国革命的光荣历史,以及在中国革命、建设、改革各个历史时期发挥的重要作用和作出的积极贡献。全国人大常委会副委员长、九三学社中央主席韩启德作了题为《秉持传统、凝聚力量,为实现中华民族伟大复兴而奋斗》的讲话,对九三学社 60 年来的形成的优良传统和历史经验进行了认真总结。

(2) 开展表彰活动。

为表彰先进、弘扬正气,激励九三学社的基层组织和广大社员在建设中国特色社会主义伟大事业中奋发进取、建功立业,九三学社中央对近年来在工作中取得优异成绩的九三学社北京市委员会直属金融支社等 100 个基层组织、曾学鲁等 1000 名社员予以了表彰,分别授予了先进基层组织、优秀社员荣誉称号。对加入九三学社 30 年以上的关桀如等 1754 名老社员和从事专职社务工作 20 年以上的范子昌等 284 名老同志颁发了荣誉奖牌。

(3) 举办书画展暨历史图片展。

全国各地的九三学社社员纷纷以书画的形式歌颂多党合作的丰硕成果,抒发对伟大祖国的热爱、对中国共产党的热爱、对九三学社的热爱、对生活的热爱,表达坚定不移地走中国特色政治发展道路的决心。同时举办的历史图片展生动地回顾了九三学社在中国共产党的领导下,与中国共产党风雨同舟、亲密合作,为我国革命、建设和改革所做出的积极贡献,有力地宣传了60年来九三学社取得的重要成就和社内的先进典型。

(4) 举行"多党合作和政治协商及社史知识竞赛"活动。

九三学社各省级组织高度重视、周密部署、认真组织、广泛动员,广大社员积极参加了知识竞赛活动。为了表彰先进,促进工作,九三学社中央对在知识竞赛活动中表现突出的海南省委、宁夏区委、广西区委、福建省委、黑龙江省委、江苏省委、浙江省委、上海市委、广东省委、辽宁省委等十个省级组织予以表彰,授予知识竞赛优秀组织奖,并颁发了奖状及奖金。

此外,九三学社中央还召开了"九三学社与构建社会主义和谐社会"专题研讨会,举办了大型文艺晚会《携手共创辉煌》,编辑出版了《九三学社简史〔2005年修订版〕》和《九三学社六十年画册》,制作了60周年纪念邮折。全国各地的九三学社组织也从实际出发,分别以召开纪念会、座谈会,编辑出版纪念画册,举办科学报告会、图片展、文艺晚会等形式,纪念九三学社成立60周年。

通过一系列隆重热烈、形式多样的纪念活动,九三学社全体社员又受到了一次爱国主义和社会主义教育、中国特色社会主义政党制度教育和社章社史教育,进一步提高了广大社员坚持和维护中国共产党领导的多党合作和政治协商制度的自觉性与坚定性,振奋了广大社员的精神,鼓舞了广大社员的斗志,增强了全社的凝聚力,扩大了九三学社的社会影响。

2. 召开九三学社第十一届中央委员会第四次全体会议。

2005年12月6日至12月8日,九三学社第十一届中央委员会第四次全体会议在北京召开。会议认真学习贯彻了《意见》精神和中共十六届五中全会精神。全国人大常委会副委员长、九三学社中央主席韩启德代表九三学社第十一届中央常务委员会在开幕会上作了题为《突出特色、完善机制，不断开创我社各项工作新局面》的工作报告。工作报告从四个方面回顾了一年来九三学社中央的主要工作和取得的成绩，并对 2006 年的主要工作进行了安排。会议认真听取、审议了工作报告并一致通过《关于常务委员会工作报告的决议》。

会议增选了中央委员，增选了中央常委、副主席，进一步加强了九三学社中央的领导力量，改善了九三学社中央领导班子的结构。王志珍当选九三学社中央常委、副主席，邵鸿当选九三学社中央副主席。王琳、王亚军、王志珍、刘斌、杜德志、李有泉、张健、张和平、欧阳建平、季晓烨、邱道持、陈宁、陈玉斌、庞达、庞学光、贾殿赠、盛颂恩、韩慎贵、戴红兵 19 人当选为九三学社第十一届中央委员会委员。

会议一致通过了关于接受洪绂曾、金开诚、闵乃本辞去九三学社中央副主席、常委、委员职务请求的决定和给洪绂曾、金开诚、闵乃本同志的致敬信，一致通过了关于九三学社中央常务委员会 2005 年工作报告的决议。

会议对九三学社 2005 年度信息工作先进单位和先进个人进行了表彰。九三学社江苏省委员会、九三学社浙江省委员会等 10 个单位分获信息工作先进单位一、二、三等奖；钟骏秋等 6 人被评为优秀信息联络员；卢光琇等 13 人荣获 2005 年度信息工作积极分子称号。

（二）参政议政

2005 年，九三学社中央在培养使用好现有参政议政人才的基础上，不断发现新人才、补充新鲜血液，对参政议政专门委员会进行了调整和扩充，充实了力量，进一步完善了参政议政的工作机制。

一年来，九三学社中央牢固树立和落实科学发展观，把学习贯彻《意见》精神与参政议政工作有机结合起来，紧紧抓住发展这个第一要务，围绕经济和社会发展中的突出矛盾、关系人民群众切身利益的突出问题、制定"十一五"规划过程中的重大问题特别是科学技术发展问题做了大量参政议政和民主监督工作，成绩显著。

1. 积极参与高层政治协商。

2005年，九三学社中央主要领导应邀参加中共中央、国务院就《政府工作报告》、《关于进一步加强中国共产党领导的多党合作和政治协商制度建设的意见》、全国政协副主席增选、开展保持共产党员先进性教育活动、季度经济形势分析、年度经济形势、"十一五"规划等举行的政治协商活动7次。在这些协商会和座谈会上，九三学社中央主要领导积极发表意见，提出建议，受到了中共中央、国务院和有关部门的高度重视。九三学社中央主要领导还先后十几次参加中央统战部举办的座谈会、情况通报会、学习会，及时了解形势、掌握情况，并发表意见和建议。九三学社中央探索建立了高层政治协商准备机制，进一步发挥参政议政骨干的作用，为九三学社中央主要领导参与高层政治协商提供发言参考材料，对参与高层政治协商发挥了积极作用。

2. 利用"直通车"形式致函中共中央、国务院领导同志。

2005年年初，全国人大常委会副委员长、九三学社中央主席韩启德致函中共中央总书记胡锦涛，就引导高校毕业生到基层就业提出建议，受到高度重视。胡锦涛就此做出重要批示，指出这是一项非常重要和紧迫的工作，要求中央人才小组办公室牵头，中组部、人事部、教育部等单位组成调研组，进行深入调研，提出政策性建议。不久，调研组在广泛深入的调研基础上，形成了《关于引导和鼓励高校毕业生面向基层就业的意见》，并由中共中央办公厅、国务院办公厅印发。2004年，韩启德曾就提高国有企业退休人员养老金问题致信国务院总理温家宝并产生了积极效果。在此基础上，2005年韩启德再次致函温家宝，从进一步提高国有企业退休人员养老金调整幅度、推行国企年金制、建立多层次养老保险、改革国企养老金计发办法、一次性解决国企已退休科技人员养老金过低问题等几个方面提出了建议。温家宝及国务委员华建敏对来信十分重视，次日就先后作出重要批示。根据批示精神，国家劳动和社会保障部等有关部门针对解决办法进行了研究。

3. 在政协会议和活动中发挥作用。

在2005年3月召开的全国政协十届三次会议上，九三学社以社中央名义提交大会发言12件、提案17件，以政协九三学社组名义提交提案7件。其中，韩忠朝委员代表九三学社中央作了《把提升企业自主创新能力置于国家战略的高度》的口头发言，洪绂曾委员、张化本委员、赖明委员代表九三学社中央分别作了《建立粮食主产区农民增收的长效机制》、《立足水资源战略，大力推进海水利用》、《贯彻落实科学发展观，推动城镇可持续发展》的书面发言。这些发言和提案受到有关部门和新闻媒体的广泛关注，产生了良好的社会反响。20多家报刊共刊发九三学社组织与代表、委员参政议政情况的稿件186篇。九三学社中央提出的《把发展循环经济作为"十一五"规划的指导理念和规划基础》的提案被确定为重点提案现场交办。《关于贯彻落实科学发展观，推进城镇可持续发展的提案》、《关于切实加强食品安全工作的建议》、《坚持科学发展观，完善农业水资源管理体制》、《关于建立粮食主产区农民增收的长效机制的建议》、《关于加强与完善我国农技推广体系的建议》五项提案分别入选全国政协《重要提案摘报》，报政协全国委员会主席、副主席、秘书长和中共中央办公厅、国务院办公厅及有关政府部门。国务院副总理回良玉、秘书长华建敏同志分别对其中的三件提案作了批示。6月，全国政协提案委员会邀请国家发改委、财政部、科技部、水利部、国家海洋局等有关部门召开座谈会，就政协十届三次会议期间九三学社中央提出的《关于大力推进海水利用技术产业化的建议》、《关于加强入海淡水资源研究开发的建议》进行协商办理。九三学社在全国政协十届三次会议上提出的九三学社组提案《以人为本，切实加强食品安全》受到国家食品药品监督管理局的重视，被定为重点提案回访办理。该局负责人专门就此提案走访九三学社中央，对九三学社积极就食品安全问题提出提案给予了高度评价并表示感谢。在全国政协组织的国家"十一五"规划协商会上，九三学社中央常务副主席陈抗甫作了《强化企业在技术创新中的主体地位》的口头发言，受到相关部门重视。

4. 通过信息工作反映社情民意。

2005年1月至9月，九三学社各省级组织报送信息约1400份，九三学社中央采编形成《九三信息》、《九三信息专报》563份。1月至6月，全国政协信息中心采用32份，其中《尽快解决银行不良贷款债权超低价再转让问题》、《加快发展农业保险，为农业发展保驾护航》、《建议进一步改进和完善价格听证会制度》、《法律援助亟待援助》、《关于规范和完善政府采购工作的建议》、《进出口税收优惠政策方面的配套管理办法应尽快颁布》等6篇信息分别得到黄菊、回良玉、曾培炎、周永康、华建敏等党和国家领导人的批示。九三学社中央网站的内容进一步丰富，影响逐步扩大。截止2005年10月份，九三学社中央网站共上传文件1300余篇，图片600多张，总点击数达到28万余次，点击率从2004年的平均每日不到300人次上升到平均每日600多人次。

5. 围绕经济和社会发展中的重大问题开展专题调研和研讨。

2005年，九三学社中央把促进中部崛起作为一项重点课题来抓。九三学社中央领导先后赴河南郑州、漯河、焦作等地，就促进我国中部地区粮食主产区经济发展与改革的有关问题考察调研；在郑州出席由九三学社河南省委会与河南省政府研究室联合召开的"中部崛起高层论坛"；赴湖南就中部粮食主产区崛起和粮食安全问题进行专题调研，并形成《九三学社中央关于粮食主产区粮食生产及经济社会发展的调研报告》。九三学社中央领导还就高新技术产业发展问题，考察了北京市中关村生物医药园；就社区卫生服务工作，考察了北京市基层社区卫生站；为推进医疗体制改革进程，健全医疗保障体系，召开了"四一三"医保模式研讨会；为提高国民身体素质、加大控烟力度，召开了烟草税收与控烟专题研讨会。

6. 促进祖国统一工作有了新进展。

2005年，九三学社中央为进一步加强促进祖国统一工作，成立了专门的领导小组。2月，九三学社中央主要领导会见了台北市议员、阳明大学药理学教授潘怀宗。4月，九三学社中央主要领导接见了来京出席中华医学会大会的香港医学代表团；先后会见了香港汉荣书局有限公司董事长石景宜，以及其子、香港汉荣书局有限公司董事、总经理石汉基，并代表九三学社中央接受了石景宜父子向九三学社中央扶贫点捐赠的图书；九三学社中央接待了台湾虹门技术股份有限公司总经理周治忠博士，就引进台湾生物质柴油生产技术、对台招商引资、海峡两岸合作共同促进绿色奥运等问题进行了座谈。6月，九三学社中央和攀枝花市政府共同主办了"海峡两岸产业化论坛"。以台湾宇智顾问股份有限公司董事长徐小波为代表的8名台湾专家、实业家出席论坛，讨论了在攀枝花建立"两岸农业交流与合作示范区"的相关事宜，力争为今后两岸合作交流提供平台。7

月,九三学社中央主要领导在人民大会堂接见了澳门青年航天科技交流团一行。9月,九三学社中央主要领导接见了来京参加京港医学交流论坛的香港代表。这些活动对促进同港澳台的交流与合作产生了积极影响,为扩大爱国统一战线做了有益的工作。

7. 担任各种实职和特约职务的九三学社社员发挥积极作用。

2005年,九三学社担任政府、司法部门实职的同志在所在单位的中共党委领导下,严格要求自己,廉洁奉公,勤勤恳恳,忠于职守,发挥了积极作用。担任各级特约监督员、监察员、检查员、审计员和教育督导员的同志对一些行业部门进行了认真的行风评议和民主监督,提出了一些很有价值的意见和建议,比如《关于切实加强食品安全工作的建议》、《建议进一步改进和完善价格听证会制度》、《进出口税收优惠政策方面的配套管理办法应尽快颁布》、《关于制定农业科技进步促进法的提案》等,都受到政府的重视,起到了很好的民主监督作用,为促进民主法制建设做出了积极贡献。

(三) 社会服务

2005年,九三学社中央制定了《九三学社中央关于加强社会服务工作的意见》,对社会服务工作的定位和重要性、指导思想和原则、工作领域和思路以及组织领导和保障措施等方面提出了明确意见,进一步规范了新时期九三学社的社会服务工作。《意见》经过多次征求意见和修改完善,由九三学社第十一届中央常务委员会第十三次会议审议通过。该《意见》的出台,对九三学社的社会服务工作具有重要的指导意义。为了充分发挥九三学社的科技优势和智力资源,九三学社中央还成立了"九三学社中央社会服务咨询委员会"。一年来,九三学社进一步明确任务,突出重点,把学习贯彻5

号文件精神落到实处，在区域经济、支边扶贫、学术交流、科学普及、民办教育等方面作了大量工作，取得了良好成效。

1. 发挥优势，为区域经济发展提供服务。

"九地合作"持续发展。

"九地合作"是指九三学社与地方政府进行的合作。2005年年底，九三学社开展"九地合作"的地方已经达到10个，即"九广"（四川广元市）、"九通"（内蒙古通辽市）、"九临"（山西临汾市）、"九重"（重庆市）、"九安"（陕西安康市）、"九绵"（四川绵阳市）、"九漯"（河南漯河市）、"九攀"（四川攀枝花市）、"九青"（山东青岛市）、"九鹤"（河南鹤壁市）。通过开展这些项目的合作，直接为广大群众做好事、办实事，树立了良好的社会形象。"九广合作"：就建设生态广元和十一五经济社会发展规划开展了咨询和建议，提出的建设"生态广元"的建议，被中共广元市委采纳，确定为发展战略；协调农业部生态家园项目480万元，受益农户4800户，"九广优质种苗繁育场""特色经作集成技术的研究与示范"项目持续推进。"九通合作"：协助招商引资，开展对口支援，连续多年向通辽市提供优良玉米种子，组织医疗专家赴通辽市开展讲学和培训，捐赠了总价值90多万元的医疗器械。"九临合作"：大力发展有机食品，推广新型系列生物有机农业技术种植15000亩。"九绵合作"：召开了"企业家座谈会"，成立了企业家联谊会，搭建平台，达成了多项合作开发协议。"九漯合作"：组织专家开展了9个基础性项目的研究工作，为建立食品城提供科技支撑。围绕农业产业化、城乡一体化以及大豆新品种选育与推广等项目开展指导活动。"九攀合作"：组织专家对攀枝花市"十一五"农业和农村经济发展规划进行了咨询论证，并牵线搭桥引进希望集团在该市投资建设万亩优质芒果基地。"九青合作"：九三学社与青岛市就合作签定了协议，双方正在研究合作的切入点。"九鹤合作"：和鹤壁市政府于2005年12月共同主办了"河南鹤壁城乡一体化高层咨询论证会"，就城乡一体化的内涵、原则、失地农民的就业与社会保障问题、生态保护与可持续发展问题等进行了广泛而深入的讨论。

2. 求真务实，支边扶贫工作取得实效。

九三学社承担着四川旺苍县、贵州威宁县、广西凌云、乐业县和中央智力支边协调小组联系的贵州黔西南州、毕节地区的扶贫工作。2005年，中共中央政治局常委、全国政协主席贾庆林在《智力支边扶贫协调小组办公室情况简报》关于"九三学社中央十分重视社会扶贫工作为贫困地区积极提建议、拉项目、促发展，取得新成效"情况报告上作出重要批示。他充分肯定了九三学社中央发挥人才荟萃、智力密集的优势，在科技扶贫、智力支边方面取得的积极成果，希望各民主党派、工商联和无党派人士在加强参政议政、建言献策，促进经济社会发展方面取得更大的成绩。

积极出谋划策，拓展发展思路。

九三学社中央邀请了国家科技部、农业部、水利部、国家环保总局、国家林业局、国务院扶贫办等有关部门的领导和专家赴贵州省黔西南州、毕节地区威宁县就草海湿地生态保护和综合治理、珠江上游生态屏障建设、农畜果品加工、煤炭资源开发、草地畜牧业发展等问题开展调研。联合调研组在对地方经济社会发展及产业结构调整等方面进行深入考察的基础上，与地方有关部门座谈，并结合考察中发现的问题对当地"十一五"规划的制定进行了咨询和论证，提出了相关建议。

推进科技扶贫，探索脱贫致富新模式。

经九三学社中央积极联系，分别争取到农业部生态家园计划项目、国务院扶贫办扶贫资金1146万元和600万元用于支持黔西南州农村沼气"一池三改"建设和开展"草地畜牧业科技扶贫项目"。帮助广西百色、贵州毕节、黔西南州以及陕西安康等地从农业部争取到"阳光工程"、"新型农民科技培训"项目资金500多万元。为贵州威宁县争取到农业部生态家园计划项目135万元，九三学社支持2万元，用于开展毕节威宁县"一户一技术"创业致富技能培训。

3. 大力开展科学技术普及，积极举办社会公益活动。

推进"生态卫生富民行动"全面实施。

2005年，与有关国际计划组织合作，先后在陕西、贵州、云南、安徽等省进行了推广工作，分别在云南的滇池、文山州，陕西的榆林、西乡等地建立了生态卫生村的试点，培训县级干部近千人次。在农村大力推广生态旱厕技术，服务"三农"，推动了农村小康建设。同时以此为载体，开展环保教育，健康知识，特别是艾滋病防控知识的普及工作。

积极开展第十七届"国际科学与和平周"活动，广泛开展科学普及等社会公益活动。

2005年和平周期间，九三学社要求社内各级组织围绕"构建和谐社会、促进经济发展、维护世界和平"的主题积极开展科技咨询、三下乡、扶贫助残、安全生产、健康生活、环境保护、资源节约等内容丰富多彩的活动。九三学社各级组织举办了大量知识讲座，发放科普技术资料，为多人做了义诊健康普查并赠送药品。九三学社有12个省、市级组织开展了助学，济困赈灾公益活动，资助多名贫困生。

4. 民办教育工作。

2005年，九三学社中央主席韩启德等分别对北京吉利大学、郑州科技职业学院、沪中科技进修学校等由九三学社社员创办的民办学校进行了考察和调研。此外，九三学社中央还对其现有的各类民办学校进行了书面调查,对九三学社近两年民办教育的发展现状和存在问题进行调研。

5. 学术交流活动。

为了加快草地农业发展,改善人民的膳食结构,加快贫困地区经济发展,九三学社中央与有关单位联合在贵州召开"草地农牧业论坛"。为改善都市生态环境,加快都市农业发展,九三学社与有关单位联合在武汉召开"全国都市农业可持续发展论坛"。论坛期间,来自中国大陆、韩国及台湾地区的专家学者作了21场专题报告,就都市农业的内涵和发展方向、都市农业地区城乡统筹与新农村建设、两岸都市农业交流合作事宜等问题进行了深入探讨,交流了武汉、北京、台湾、韩国、深圳等地都市农业的发展情况,并从都市农业发展的规划制定、组织实施、政策支持等方面提出建议。

(四) 自身建设

2005年,九三学社认真学习贯彻《意见》精神,积极加强自身建设,思想建设、组织建设、机关建设都取得了新成效。

1. 把学习贯彻《意见》精神与加强思想建设相结合。

3月,为了深刻领会《意见》的内涵,进一步推进九三学社的各项工作,九三学社中央向全社发出《关于学习贯彻〈中共中央关于进一步加强中国共产党领导的多党合作和政治协商制度建设的意见〉的通知》,要求全社认真学习贯彻《意见》精神。九三学社中央分别就学习《意见》精神、《反分裂国家法》、十届全国人大三次会议和全国政协十届三次会议精神、中共十六届五中全会精神等内容召开了学习会。6月,九三学社中央在南宁召开了南方7省思想建设研讨会,以《意见》精神为指导,从专职思想政治工作者的角度,交流了各地社组织思想工作的现状、存在的困难,探讨了新形势下思想工作的新思路。九三学社中央有关领导作重要讲话,对当前广大成员的思想状况做了深入分析,进一步明确了思想建设的指导方针和根本任务,对下一阶段思想建设工作做出部署。九三学社中央还十分注意加强与地方和基层组织的联系,先后到北京、广西、四川、云南、陕西、江西和安徽等地,就学习贯彻《意见》精神的情况深入基层,调查研究,了解成员思想动态。在调研中发放了调查问卷,并对问卷情况进行了深入分析,写出了 2 份调研报告,编发了 4 期《思想动态》。

2. 把学习贯彻《意见》精神与组织建设相结合。

5 月,九三学社中央在青岛召开了主题常委会,结合学习贯彻《意见》精神,就加强自身建设特别是领导班子建设、提高领导干部"四种能力"的若干问题提出了具体意见和要求。会议审议并原则通过了《九三学社中央关于加强组织建设的若干规定》。

九三学社加大了后备干部队伍建设的力度,先后同 10 余个省、自治区、直辖市就省级组织后备干部人选工作交换了意见。九三学社中央有关部门在中央社会主义学院安排了 3 期九三学社中央领导和省级主委参加的中共中央《意见》学习班;安排了 2 期民主党派干部进修班和 2 期民主党派干部培训班、累计培训 32 人;安排了 8 人赴境外学习培训,推荐 2 人担任全国政协委员、2 人担任全国青联委员、1 人担任中华海外联谊会理事;举办 3 期社组织管理信息系统软件培训班。

一年来,九三学社组织发展呈健康有序态势。截止 2005 年 6 月 30 日,九三学社社员总数为 97861 人,净增长率 4.64%。其中主体界别占 82.8%,其它界别占 17.2%,高级职称占 61.3%,平均年龄 54.19 岁。与去年同期相比,平均年龄和高级职称比例基本持平,其它界别增加 3.5 个百分点。

3. 学习贯彻《意见》精神与机关建设相结合。

4 月上旬，九三学社中央机关全部从北京市东城区安定门外大街 55 号迁入位于北京市海淀区万柳万泉新新家园 14 号的办公新址，与旧址相比，九三学社中央办公条件得到了极大改善。9 月 21 日—23 日，九三学社召开了全国社务工作会议。会上，以《意见》精神为指导，在总结经验的基础上，就《九三学社中央关于加强机关建设的意见（讨论稿）》进行了讨论，就机关建设的指导思想、如何把握民主党派机关的特点、机关建设中如何建立健全工作制度、运行机制以及如何利用公务员法实施的有利时机加强机关建设等问题进行了深入研讨，并形成了共识，为进一步加强机关建设打下了良好基础。九三学社中央机关的学习制度、培训制度进一步完善，机关工作人员的政治素质和业务水平不断提高。为帮助广大机关干部了解国际形势及我国的外交政策，正确理解和把握中共中央的外交方针和决策部署，邀请了全国人大外事委员会副主任委员、外交部原副部长、中国前驻联合国代表王英凡就当前的国际形势和我国的外交工作作报告；为促进广大机关干部学习金融知识，邀请了中国证监会发行监管部副主任、九三学社社员赵海英作"中国证券市场及银行业发展的战略思考"的专题报告。

（韩宝柱）

十二、台湾民主自治同盟活动纪要

台湾民主自治同盟是由台湾省籍人士组成的社会主义劳动者和拥护社会主义的爱国者的政治联盟,是为社会主义服务的政党。台盟于1947年11月12日在香港成立。台盟接受中国共产党的领导,积极发挥参政党作用,推动盟员和所联系的台湾同胞,为建设中国特色社会主义和促进祖国统一大业努力奋斗。2005年,台盟在中国共产党的领导下,坚持以邓小平理论和"三个代表"重要思想为指导,团结带领广大盟员和所联系的台胞,围绕中心、服务大局,认真履行职能,圆满完成了各项预定任务,为国家经济发展、社会进步和祖国统一事业做出了自己的贡献。

(一) 重要会议及活动

1月1日,全国政协举行新春茶话会。台盟中央主席张克辉,副主席刘亦铭、李敏宽应邀出席会议,与各界人士共同欢庆元旦。

1月30日，台盟中央、全国台联等举行新春联欢会。台盟中央主席张克辉、副主席刘亦铭、吴国祯、李敏宽等与在京台胞、台商、台生共贺新春。

3月9日，台盟七届十次中常会在北京举行，研究部署下阶段台盟主要工作，台盟中央常务副主席林文漪，副主席刘亦铭、李敏宽分别在会上讲话。会议由台盟中央副主席吴国祯主持。

3月16日，台盟中央召开座谈会，学习贯彻《反分裂国家法》。台盟中央主席张克辉讲话，高度评价了《反分裂国家法》的重大现实作用和深远历史影响。台盟中央常务副主席林文漪，副主席刘亦铭、吴国祯、李敏宽及在京台盟中央委员等60余人出席座谈会。

5月3日，台盟中央主席张克辉出席在江苏省南京市举行的天妃宫复建落成典礼。

6月29日至30日，台盟七届十一次中常会在云南省昆明市举行，交流学习贯彻《中共中央关于进一步加强中国共产党领导的多党合作和政治协商制度建设的意见》的情况和体会，研究部署下一阶段主要工作。台盟中央常务副主席林文漪主持会议。

7月11日，台盟中央、全国台联举办的2005年台胞青年千人夏令营开营，台盟中央副主席李敏宽出席开营仪式。

9月30日，中共中央、国务院在人民大会堂举行国庆招待会，台盟中央主席张克辉、常务副主席林文漪应邀出席。

10月11日至13日，台盟七届十二次中常会在北京举行。会议结合学习贯彻中国共产党十六届五中全会精神，研究了台盟2006年参政议政和对台工作的主要思路。台盟中央主席张克辉讲话，常务副主席林文漪，副主席刘亦铭、吴国祯、李敏宽出席会议。

11月1日，台盟中央主席张克辉出席了福建省莆田市举行的第七届中国·妈祖文化节开幕式并讲话。

12月12日,台盟七届十三次中常会在北京举行。会议通过了拟提交七届四中全会审议的常委会工作报告,决定七届四中全会进行台盟中央主席届中调整。

12月12日至15日,台盟七届四中全会在北京举行。全会审议通过了张克辉代表中央常务委员会所作的工作报告,进行了台盟中央主席的届中调整。

2005年,台盟中央领导同志应邀参加了纪念中国人民抗日战争暨世界人民反法西斯战争胜利60周年大会、纪念台湾光复60周年大会等重要国事活动。陪同国家领导人会见了爱尔兰总理、哥伦比亚总统、秘鲁总统、西班牙首相、多米尼克总理、莱索托王国首相等外国贵宾。

(二) 参政议政

台盟中央领导同志全年参加了23次党外人士协商会、座谈会、情况通报会等会议,就《反分裂国家法》、《政府工作报告》(征求意见稿)、《中共中央关于制定国民经济和社会发展第十一个五年规划的建议》等涉及国家法律、经济建设、社会发展和领导人选等重大问题发表看法,坦诚提出意见建议。

1月26日,台盟中央召开提案工作座谈会,邀请有关部委负责人及台盟盟员中的政协委员就2004年台盟中央提案办理情况,2005年提案、调研准备情况进行座谈。十届全国政协三次会议期间,中共中央总书记胡锦涛参加民革、台盟、台联联组会,台盟组3位政协委员就两岸经济合作、台湾学生工作、对台宣传等问题发言。会议期间,台盟中央共提交大会发言和书面发言5份,提案24件,有22件得到回复,提案数量和办复、采纳率为历年最高。第29届奥组委采纳了《关于吸收在祖国大陆高校就读的台生参与奥运志愿者活动的建议》，认为这一建议对做好北京奥运会志愿者工作具有指导意义，并表示将在具体工作中认真研究加以落实。《关于将忻口战役抗战遗址作为爱国统一战线教育基地加以保护开发》的建议得到山西省政府的高度重视，全国政协提案委员会为此专门举办了"忻口抗战与爱国统一战线工作研讨会"。11月9日，台盟中央召开参政议政年度工作会议，总结经验，表彰先进，确定调研方向。

受中共中央委托，台盟中央邀请中共中央统战部、国务院台办、国家海洋局等有关部门负责同志和专家组成联合调研组，重点考察了山东省的济南市、青岛市、威海市、烟台市，继而对天津、上海、辽宁、福建等省市进行考察，了解我国海洋经济文化发展及两岸经贸合作状况，形成《发展海洋经济，促进两岸经贸合作》等5份调研报告，并提交十届全国政协十次、十一次常委会，被国内各大媒体广泛报道，引起较大的社会反响。台盟中央与各地方组织积极配合，围绕两岸关系发展及经贸交流、台湾岛内政治生态、新形势下台生工作等课题进行调研，共同完成了《大力推动两岸农民专业合作经济组织的交流与合作》、《关于当前落实中央新政策，做好台湾学生工作的几点建议》等8份调研报告和发言，提交中共中央有关部门，所提建议受到高度重视并体现在相关政策中。

台盟中央派员参加了中央统战部召集，民政部、财政部、公安部、劳动和社会保障部、全国台联等单位参加的关于做好定居台胞工作的协调会。会后，在北京、福建等台胞较集中的地区进行调查和征求意见，就进一步做好定居台胞工作提出了建议。11月，就中央统战部、中央台湾工作办公室、劳动和社会保障部、财政部、民政部、公安部等六部委《关于进一步解决部分定居台胞生活困难问题的通知》（征求意见稿）提出具体修改意见，反映盟员、台胞的希望和要求。

4月24日至28日,台盟中央信息工作会议在北京召开,讨论和修改《台盟中央关于加强信息工作的意见》,表彰信息工作先进集体和个人。《台盟信息》的报送形式和渠道进一步规范,全年报送151期,其中专报7期,及时反映盟员、台胞对国家经济社会发展的意见和建议,反映对两岸关系中的重大问题、重要事件和涉及群众利益的突出问题的观点和看法。加强了专题信息的收集和整理,为决策部门掌握情况和改进工作提供参考。年初创办了《台盟周报》,年内共出刊47期,通报全盟重要活动,为沟通信息发挥了积极作用。

台盟中央领导同志定期参加中共中央、国务院有关部门举办的联席会、座谈会、研讨会,表达对两岸关系发展的观点和看法。《海峡快讯》全年出刊123期,《台情分析》出刊10期,及时报道岛内重要事件并作出分析。台盟中央政策研究会召开11次会议,分析形势,研究政策,为对台决策部门提供信息和参考意见。台盟中央隆重纪念了江泽民同志《为促进祖国统一大业的完成而继续奋斗》重要讲话发表10周年、台湾省人民"二·二八"起义58周年。在台湾光复60周年之际,台盟中央与国务院台办等部门共同举办纪念大会、座谈会、研讨会、专题访谈、大型文艺演出、展览等系列活动,各级组织也适时举办形式多样的纪念活动,回顾历史,展望未来,表达两岸同胞反"台独"、反分裂、盼统一的心声,在海内外引起强烈反响。台海出版社全年累计出版图书76种,其中包括《宋斐如文集》、《杨逵文集》等优秀涉台书籍29种。台盟网站保持日常更新,及时报道全盟重大事件和重要活动。

4月16日至20日,台盟中央召开联络工作会议,学习贯彻新时期对台政策,研究联络工作的新方法、新思路,并部署今后的工作任务。台盟各级组织全年共邀请、接待海内外台胞268批2016人次，组织出访 37 批 232 人次，全年共有 92 位盟员和机关干部入岛交流考察，了解岛内政情民意。其中台盟中央接待台胞 95 批 465 人次，出访 8 批 15 人次，组团赴美国、阿根廷访问，加强与当地侨领、台胞的沟通，并派代表参加了在日本举办的中国同盟会百年纪念大会。

（三）社会服务

台盟各级组织重视做好大陆台商、台生工作，开展联谊，倾听意见，帮助他们排忧解难。全年为台商提供各类咨询服务 401 人次，协助台商投资考察 209 人次，走访慰问台商 438 人次，接待处理台商投诉 100 人次。为岛内及海外台胞青年赴大陆求学提供咨询 158 人次，组织台生 1369 人次参加各类考察、座谈、夏令营及中华民族传统节日的庆祝联谊活动。

台盟各级组织全年直接或协助有关部门引进资金 4 项，引资总额达 1131 万元。台盟中央首次与安徽省政府联合举办"2005 中国内地－港澳台现代制造业博览会"，并邀请台湾青商总会及大陆台商代表团参会。此次博览会共达成合作项目 43 项，协议投资 13.2 亿元，有效推动了地方经济发展。

台盟各级组织继续扩大和巩固支边扶贫成果，在咨询、培训、助学等方面做了大量工作，全年捐助扶贫款近 43.5 万元，并捐赠了各种办公设备和图书，1 位盟员荣获"国务院第四次全国民族团结表彰大会模范代表"称号。2005 年，台盟中央先后两次派员赴贵州省毕节地区调研，确定选择毕节河镇乡海雀村作为台盟智力支边扶贫点，为改善贫困地区办学条件、改造村级道路等给予支持。台盟中央先后邀请台湾原住民社会经济发展协会、台湾中部地区中小企业商务旅行团以及在京台商赴贵州省考察，洽谈合作项目，将贫困地区劳务输出与台资企业用工相结合，积极探索扶贫新思路。

（四）自身建设

台盟中央组织全盟广泛深入地开展了《中共中央关于进一步加强中国共产党领导的多党合作和政治协商制度建设的意见》、《反分裂国家法》的学习活动。组织12个省级组织的主要领导同志参加了中共中央统战部举办的专题研讨班，13位盟员参加了中央社会主义学院的培训班、进修班，10位盟员、干部分别参加赴巴西、法国、加拿大和港澳等地的境外培训，全盟政治理论水平进一步提高。

台盟各级组织重视做好组织发展工作，坚持标准，保持特色，全年发展盟员98人。1位盟员增选为全国政协常委，1位盟员增补为全国政协委员，5位盟员当选全国青联委员，1位盟员被聘为国土资源部特邀监察专员，2位盟员被聘为监察部特邀监察员。

（五）届中调整

2月20日，台盟陕西省第三届委员会第十次会议在西安召开。会议接受吴庆洲辞去台盟陕西省第三届委员会主任委员、委员职务的请求，选举马克宁为新任主任委员，增选王二虎为副主任委员，推举吴庆洲为名誉主任委员。台盟中央副主席刘亦铭到会作台盟陕西省委领导班子届中调整的说明。

11月27日，台盟湖北省第七届委员会第十四次全体会议在武汉召开。会议接受张荣国辞去台盟湖北省委主任委员、委员职务的请求，选举吴秀凤为新任主任委员，推举张荣国为名誉主任委员。台盟中央副主席李敏宽到会作台盟湖北省委领导班子届中调整的说明。

12月12日至15日,台盟七届四中全会在北京举行。全会接受了张克辉辞去台盟中央主席、常务委员、委员职务的请求,以无记名投票方式选举林文漪为台盟中央主席。全会高度评价了张克辉为开创台盟工作新局面所做出的贡献,一致推举他为台盟中央名誉主席。

台盟中央现任主席林文漪(女),副主席刘亦铭、吴国祯、李敏宽,秘书长张华军。台盟中央设办公厅、组织部、宣传部、联络部、研究室5个职能部门和妇女工作委员会、政策研究会2个专门委员会。至2005年底,台盟在全国16个省(直辖市)建有各级组织,共有盟员2000余人。现有省级委员会12个,副省级市委员会6个,地级市委员会6个。此外,在一些省、市和直辖市的区建有委员会、工作委员会或基层组织。

(郑世凯)

附录一　国外政党制度研究

2005年，国内学者对世界政党和政党制度的研究进一步深入，研究视野进一步扩大，研究领域主要包括中国共产党与国外政党的比较研究、世界政党执政经验研究、世界政党政治和政党制度发展现状研究以及政党制度功能研究等四个方面。

（一）中国共产党与国外政党比较研究

在全球性的政治现代化进程中，尽管各国社会和政党制度不同，历史文化传统和经济发展程度不同，我们不能直接照搬照抄其它国家政党政治的经验和模式，但作为政党建设，也存在着某些共同规律。研究执政党建设，显然不能仅仅局限于中国社会和中国共产党本身。一方面，我们需要对中国共产党建立和发展的客观性、必要性和价值性进行深入的研究，充分认识中国共产党自身具有的独特属性、鲜明特点以及在中国社会发展中的历史地位和发挥的作用；另一方面，也需要把中国共产党放在世界政党发展进程中考察和认识。因此，中外政党比较研究近年来逐渐成为政党研究的一个热点。

关于中国共产党和西方政党的比较研究，过去有些研究是把二者作为两个孤立的、或者完全对立的事物进行认识，虽然也有一些比较，但一般过于笼统或者视角单一。郭亚丁所著《政党差异性研究——中国共产党与西方政党的比较》（中国经济出版社2005年版）一书，从历史起源、成员构成、组织结构、政党制度、党政关系、功能表现、运行方式、理论基础、社会生态等九个方面，多角度、多侧面、多方位地分析了中国共产党与西方政党的差异和各自不同的特点，使抽象的认识更加具体化，使比较的内容更加丰富和厚实。作者在收集大量资料基础上进行深入地加工和提炼，提出了一些独到的见解，如：提出政党是特定生态中的产物，政党的功能具有多元性，政党的功能随着社会生态的变化而变化；中国共产党与西方政党一方面具有相同的功能，另一方面还具有导向、示范、稳定、教育、监督等不同的独特功能，等等。在重视执政党建设的今天，该书对认识政党存在的不同价值和功能，对客观认识政党存在的不同属性、特点、差别，进一步加强执政党的建设，具有一定的参考价值。

依靠制度运行是一切现代政党必须遵循的一般规律。当代各国政党都根植于经济全球化迅猛发展的土壤里，在制度建设方面都面临一些具有共性的根本问题，诸如执政党的组织制度、党内监督的运行机制、党内民主的保障机制、政党与国家政权及社会的联系机制建设等等。这就决定了执政党的制度建设的比较研究，是一个有着广阔思考空间和拓展领域的党建理论生长点。周敬青所著《中外执政党制度建设论纲》（中共中央党校出版社2005年版）从中外执政党的制度建设的比较研究这一新视角，开辟了党建学科研究一个新的分支领域。该书对执政党的制度的基本内涵、种类和体系进行了界定,在对中外执政党的制度建设的现状分析的基础上,从中外执政党的政治制度、组织制度、领导制度、干部制度、党内监督制度、党内民主制度、执政的制度、党的社会工作制度等具体方面进行了比较研究。这些研究,有利于把握执政党的制度建设的基本规律,探讨中国共产党的制度建设的基本方法和有效途径,对执政党的建设具有一定的理论和现实意义。

(二) 世界政党执政经验研究

中国共产党加强执政能力建设和先进性建设,需要从世界性政治文化这一广阔的范畴中探寻执政党执政的共有规律,需要从世界范围内执政党执政的正反两方面经验中汲取政治养分。这一现实需求推动了这一领域理论研究的深入发展,总结执政党执政经验,总结执政党失败教训,探寻执政党执政规律,成为2005年世界政党研究的一个热点。

1. 从一般意义上总结政党执政经验。

李景治撰写的《世界各国政党发展的几点启示》(载《世界政党发展与当代中国政党制度建设学术研讨会论文集》华文出版社2005年版)一文,从宏观角度总结了世界各国政党兴衰成败的经验教训,认为以下几点尤其应该引起我们的高度关注:一是能否得到人民群众的拥护是政党兴衰成败的关键,二是能否制定和执行符合人民群众需要的路线方针政策是执政党成败的关键,三是不断推进党内民主建设是保持政党活力的关键。

2. 国外共产党执政经验的总结。

张向斌撰写的《完善领导机制,强化自身建设——越南共产党加强领导能力建设的措施》(载《当代世界》(京)2006年第2期),介绍了越南共产党按照"党领导、国家管理、人民当家作主"原则加强领导能力建设的经验。引人注目的是越南共产党在完善领导体制、改进领导方式方面的一些新的作法，如：（1）强化中央委员会对中央政治局和中央书记处工作的监督。越共九大规定对重大政策主张、重要干部任免、大型工程项目等均须在中央委员会集体民主讨论基础上进行无计名投票表决。（2）在中央委员会实行质询制度，开创了党内民主的新形式。每个中央委员都可以对包括总书记在内的其他委员提出质询，直至得到满意的答复为止。（3）提前向全社会公布党代会政治报告草案，广泛吸收党内外智慧。（4）实行中央委员和重要领导职务的差额选举和信息公开化。越共中央委员均是在全国代表大会上通过差额选举产生的，选举前所有选举人的基本情况向全社会公开，以便接受党员和群众的直接监督。省委书记以及所有省级干部的产生至少要有10%的差额比例，并在全省干部大会上进行无记名投票；每个省的领导职位均须有3名后备干部，且后备干部的情况向群众公开。（5）越南在国会代表的选举中实行直选和竞选，国会代表候选人的提名须经过居住社区和祖国阵线的3轮无记名投票，候选人的简历、财产等情况均在新闻媒介上予以公布，候选人需与选民直接对话，接受选民质询，并陈述行动计划，最后通过最高超过30%的差额直选产生正式代表。（6）大力发挥群众团体的作用。越共在作出重大决定之前要同祖国阵线及其他群众团体进行民主协商。对群众团体所提意见建议及时作出反馈，特别是注重对不予采纳的理由作出说明。

3. 国外执政党执政经验及启示。

施学华、李莉撰写的《国外执政党执政能力建设的做法及其启示》（载《学习月刊》（武汉）2005年第2期）一文认为，执政党执政能力建设的重点表现有三大方面：一是执政党执政理念和执政意识的建设，二是执政的组织结构及其运行机制的安排，三是执政的法律依据与制度设计。作者从这三个方面对西方执政党执政能力及其建设进行了考察：（1）执政党执政理念和执政意识的中间化，开始由互相排斥向互相吸收借鉴的方向发展，出现了意识形态的中间化或曰中庸化趋势。（2）执政党内外机制的再造与组织容量的扩大。在执政党内部，形成来自议会党团、执政党政府、党的全国委员会三种力量及相互制约。（3）依法执政成为普遍趋势。

周余云、王勇撰写的《一些外国政党在执政能力建设方面的经验教训》（载《当代世界》（京）2005年第1期）一文提出，虽然各国正在执政或曾长期执政的党的性质、纲领、执政理念等都千差万别，但作为执政党，这些政党在执政能力建设方面仍然有许多带有共性的东西，值得探讨和借鉴。一是只有不断进行理论创新才能使执政党保持旺盛的生命力；二是干部队伍素质直接关系到党组织的生命力，从而关系到执政党的前途命运；三是驾御经济社会均衡发展的能力是执政党建设的重要方面；四是加强与公众沟通并切实为公众着想，才能赢得民心，巩固政权；五是以高超的政治艺术调控新闻媒体，引导公众舆论，树立政党的良好形象，对加强和巩固执政地位十分重要；六是加强世界范围内的政党交流，吸取其他政党治国理政的成功经验，并增强自身的国际战略能力，树立政党良好的国际形象。

张亚鹍撰写的《当代西方执政党党内监督的主要经验及启示》一文（载《理论导刊》（西安）2005年第5期）提出，西方政党在长达数百年的发展历程中，相当重视党内监督，在实践中探索出一整套比较完整的经验和作法，成为资产阶级政治文明的重要成果。西方执政党的党内监督活动主要体现在：议会立法活动中对本党成员的控制；在竞选活动中监督党员按照党的意志和要求参加选举；在公共权力运作领域加强监督等。如英国执政党的党内监督，一是机构设置完备，主要监督组织是议会党团，还有督导员制度；二是监督制约的法规制度比较健全，操作过程有章可循；三是发挥监督作用的督导员直接受政党领袖领导，级别较高，权力较大。西方执政党党内监督的主要启示：一是重视党内监督与发扬民主二者之间的良性互动关系，党内监督与党内民主密不可分，互为依托；二是党内监督要真正取得成效，离不开党外监督的有效配合，没有党外监督，政党长此以往必然丧失危机感和使命感，走向沉沦。

李路曲撰写的《新加坡人民行动党是如何处理党群关系的》一文（载《马克思主义与现实》（京）2005 年第 2 期）研究了新加坡人民行动党加强与人民群众联系的做法。人民行动党把服务国家、促进人民福利作为党的基本理念之一，制定了一系列有利于民生的政策。人民行动党建立了一整套完善的联系群众的制度，保证了自下而上和自上而下的政治输入和输出渠道的畅通。人民行动党在社会治理方式上注意把民众吸收到政治体制中进行参与和管理，在相当程度上消除了官僚制度与下层群众之间的隔阂；人民行动党在政策制定中坚持人民群众的长远利益，而不仅仅迎合群众的现实要求。此外，林拓等撰写的《执政与认同——西方某些主要政党处理党群关系的做法和特点》（《马克思主义与现实》（京）2005 年第 1 期）也比较深入地研究总结了世界各国一些主要政党为争取执政权力和选民支持，在处理党群关系方面的一些经验和做法。

吕元礼撰写的《新加坡执政党的廉正之道》一文（载《党的生活》（哈尔滨）2005 年第 5 期）从四个方面系统地总结了新加坡执政党人民行动党的廉政之道：一是通过"以德倡廉"使人不想贪，以儒家思想道德为基础，形成普遍接受和共同信守的清廉知耻的政治文化；二是通过"以俸养廉"使人不必贪；三是通过"以规固廉"使人不能贪,建立减少腐败机会的规则、严密监控的规则和有效预防的规则,达到使人不能贪的目的;四是通过"以法保廉"使人不敢贪,立法严明和执法严厉,使腐败人员受到严厉处罚,使腐败行为付出巨大代价。

4. 国外执政党执政教训总结。

王长江、姜跃主编的《世界执政党兴衰史鉴》(中共中央党校出版社 2005 年 7 月出版)以大量史料为基础,从总结历史教训的角度分别对苏联共产党、东欧各国共产党、日本自民党、印度国大党、墨西哥革命制度党、印度尼西亚专业集团和中国国民党的兴衰过程和执政失败的教训进行了深入分析和全面总结,给人深刻的启示。编者认为,世界一些老党大党执政失败的教训,与我们倡导研究政党执政规律、深化对执政规律的认识是相关联的。中国共产党作为执政党,怎样执政才科学,怎样执政才有效,怎样执政才能得到广大人民的认可,都不可能在马克思主义著作中找到现成答案,答案需要我们自己去探索。即使是马克思主义的政党,如果执政不科学,又缺乏效率,最终也会失去人民的信任。所有这些,都迫切需要我们深化对政党执政规律的研究,这种紧要性和迫切性,把政党问题的研究推进到一个新的阶段,是中国共产党"执政党意识"的新的觉醒的一个重要标志。

季正矩撰写的《苏联共产党兴衰成败的十个经验教训》一文(收入《世界政党发展与当代中国政党制度建设学术研讨会论文集》)认为,苏联共产党的失败对中国共产党如何真正解决"建设一个什么样的党,怎样建设党"具有十分重要的借鉴意义,总结起来是:在指导思想上,要善于坚持和发展马克思主义,以创新的精神不断实现马克思主义的本土化和现代化;在组织和制度建设上,必须根据形势的变化和发展,建立健全党内民主和监督机制;在作风建设上,必须坚持立党为公、勤政为民的原则，坚决反对腐败现象和利益集团出现；在领导方式上，必须适应有革命党到执政党的转变，不断改进和完善领导体制和执政方式；在适应生产力要求上，必须尊重生产力发展的内在规律，以经济建设为中心，以强国富民为己任；必须高度重视并慎重妥善处理民族、宗教问题；必须掌握军队的领导权，削弱、放弃党对军队等强力部门的领导等于自毁长城；不能忽视西方国家的"和平演变"战略；要处理好农民问题和知识分子问题；必须有一套切实可行并得到人民拥护的外交政策。

季平撰写的《印度人民党沉浮的警示》（载《当代世界》（京）2005年第12期）对印度人民党崛起及失利的过程进行了研究。作者指出，印度人民党执政6年，印度经济基本稳定，经济保持高度增长，综合国力有所加强，国际地位显著提高。在这样的情况下，却在竞选中失败，其原因有三个方面：首先，片面追求经济高增长，忽视社会的全面协调发展，因而未赢得人民群众对改革和发展的理解和支持。尽管人民党注意到要保持政治发展与经济改革的良性互动，但并为真正重视经济社会的老大难问题，改革的受益面狭窄，既得利益者越来越富，社会两极分化愈加明显，过早地出现了社会转型期综合症。人民党被指责为一个"反农民、反穷人和反群众"的政党。其次，人民党教派主义色彩尚未完全收敛，选民担心教派主义思潮的抬头和影响社会的稳定。再次，人民党盲目乐观，缺乏忧患意识。国大党虽然在竞选中仓促应战，却因树立了"亲民"、"世俗"和"开放"的形象，得到选民的认可。人民党沉浮的经历有着一定的借鉴意义。从人民党的阶级属性来看，代表的是印度教中高种姓阶层的利益。尽管人民党也与低种姓政党结盟，但这种举动往往被看作是"政治作秀"。人民党并没有真正成为印度最广大人民群众根本利益的政治代表。人民党借以发家的印度教教派主义思想也并不是当今印度先进文化前进的方向。人民党所坚持的思想文化理念与印度的世俗文化进程也是格格不入的。

(三) 世界政党政治和政党制度发展现状研究

2005年，一些中国学者跟踪世界政党和政党制度发展的步伐，进行了一些理论概括和有深度的研究。

柴尚金撰写的《世界政党政治的变化与发展》一文（载《世界政党发展与当代中国政党制度建设学术研讨会论文集》）对当前世界政党政治的变化进行了综合研究，提出了世界政党政治发展的主要特点：(1) 世界政党格局处于大变动之中；(2) 发达国家传统政党面对挑战，求变图存；(3) 转型国家和发展中国家受到多党制浪潮的冲击，政局不稳；(4) 各国共产党激流勇进，力量和影响有所恢复；(5) 新世纪的政党政治将更趋活跃。

政党意识形态"中间化"，是当今世界政党发展中的一种普遍现象。付杰撰写的《试论执政党意识形态"中间化"的动因及表现》一文（载《云南行政学院学报》（昆明）2005年第2期）认为，意识形态"中间化"是一些国家执政党面对社会发展变化的趋势被迫采取的一项比较好的应对措施，是执政党适应社会环境变化发展自己的一种调节行为。意识形态"中间化"主要有两种途径：一是通过非意识形态化达到中间化的目的；二是调节政党的意识形态，尽可能扩大意识形态的包容性使意识形态趋于中间化。促进执政党意识形态中间化的动力因素主要是社会结构发生变化，中产阶级的崛起；政党向"选民政党"的转变；全球化浪潮的影响；以苏共为代表的一些大党老党在处理意识形态方面的教训；政治多极化和不同政党利益的冲突和调节等。

王瑜撰写的《互联网对西方政党政治的影响》(载《中国党政干部论坛》(京) 2005 年第 8 期) 一文认为, 互联网的兴起对政党来说好比一把双刃剑。一方面, 这项新技术的互动能力有可能进一步侵蚀政党的功能; 另一方面, 互联网的独特潜力也为政党的复兴提供了机遇, 尤其是互联网的互动功能方便了政党与民众的沟通, 有利于政党进行政治推销。目前, 世界大约有 1250 个政党在互联网上建立了自己的网站。网络对小党、边缘政党以及反体制政党更是福音。很多非主流政党比主流政党更热衷于创建自己的网站。不过, 政党网站的吸引力十分有限, 大多数交流仍然是单向的、自上而下的, 而不是双向的、互动的。总的看, 网站技术既非政党的救星, 也非政党的刽子手, 政党的未来仍然掌握在政党自己手里, 掌握在它们与选民的关系上。

李路曲撰写的《当代东亚政党体制的转型: 范式、原因和历史任务》一文 (载《清华大学学报》哲社版 2005 年第 1 期) 对第二次世界大战后半个多世纪以来东亚政党体制变迁的历史进程、发展阶段及其范式的转换进行了系统研究, 从现代化进程、经济、文化和制度等方面, 论述了推动或制约政党和政党制度转型的原因; 指出东亚多党体制是处于多党政治发展的初级阶段, 它所面临的历史任务是发展市场经济、建立现代化国家体制和推进民主化进程。

柴尚金撰写的《国外共产党现状及前景》(载《当代世界》(京) 2005 年第 2 期), 分析了国外共产党力量的现状及特点。目前, 世界约有 100 个国家 127 个共产党或坚持马克思主义性质的政党, 党员人数 700 多万 (不包括现存社会主义国家的执政党), 执政和参政的共产党约 25 个。国外共产党的特点是: 发达国家大多数共产党力量下降并呈现被边缘化的趋势; 原苏东地区共产党力量进一步衰退; 发展中国家共产党继续在困难中探索; 越南、朝鲜、老挝、古巴执政党继续进行政策调整，执政地位进一步加强，政治与社会保持稳定，但面临着国外敌对势力的严峻挑战。对国外共产党的发展趋势，作者的看法是：国外共产党要从整体上走出困境、实现更大程度的发展，仍然需要一个相当长的历史时期；各国共产党不断调整理论纲领和斗争策略，对未来社会主义的探索可能更加符合实际并呈现多样化的发展趋势；在经济全球化和资本国际化迅速发展的背景下，国外许多共产党强调不同形式的左翼联合并频繁参与地区和国际活动；国外共产党总体上走出困境还需要较长的时间，但不会退出历史的舞台。

（四）国外政党和政党制度功能研究

2005年，国内一些学者从政党和政党制度机理和功能的角度对国外政党和政党制度进行了较深层次的研究。

谢峰撰写的《西方政党党内民主的功能及其发展限度》（载《中共中央党校学报》（京）2005年第2期）提出，发展党内民主、完善民主机制，是西方政党内部组织发展的一大趋势。同时，为应对时代变迁，西方政党内出现了组织专业化和权力集中化的趋势，这就限制了党内民主的发展。这两种相互矛盾的发展趋势同时出现于西方政党内部，其实是源于同一个目的——加强党的政治竞争力和提高党的执政能力。正是这一点，决定了西方政党党内民主的限度。

陈崎撰写的《从西方国家政党功能的演变看"政党衰弱论"》从政党功能的角度对20世纪60至70年代以来西方的"政党衰弱论"进行了分析，指出虽然西方政党的代表性功能受到削弱，但其制度性（程序性）功能有所加强。这表明西方政党作为社会和国家的中介，其重心正由社会向国家转移。尽管政党的制度性功能的发挥使这些政党在短期内无生存之忧，但从长远看其代表功能的日益削弱终究会动摇政党本身的合法性。

　　吴辉所著《政党制度与政治稳定——东南亚经验的研究》（世界知识出版社 2005 年 11 月版）是一部以东南亚五国为对象研究现代化中国家政党制度与政治稳定关系问题的论著。作者抓住政党制度与所处社会生态的关系、政党制度的制度化水平以及政党制度的合法化能力等三个核心要素进行深入研究，提出了三个主要观点：第一，现代化国家的政党制度要促进政治稳定，必须具备三个条件，即政党制度要适合于特定社会生态的要求，具备较高的制度化水平和强大的合法化能力。第二，政党制度的社会生态、制度化水平和合法化能力，处于不间断的运动变化当中，共同推动着政党制度向着更加符合民主要求的方向发展。第三，受社会生态环境变化及政党制度变迁的影响，现代化中国家的政治稳定状态将出现由过去的不稳定、强制性稳定向机制性稳定的转变。

（袁廷华）

附录二 政党制度研究文献目录

（一）政党制度理论研究部分

政党法治：一种新型的政党文明形态/王韶兴//文史哲.-2005.(1).142

我国政党制度与构建社会主义和谐社会/王献志//长沙理工大学学报.-2005.(12).9

试析台湾政党制度的历史发展及其趋势/王彦飞//广州社会主义学院学报.-2005.(1).35

中国政党制度的选择标准与执政党的现代化/王业兴//广州大学学报.-2005.(12).15

社会主义政治文明与我国的政党制度建设/魏红霞//皖西学院学报.-2005.(3).16

中西政党制度比较分析/闻洪涛,卿孟军//哈尔滨学院学报.-2005.(9).30

关于"当代政党制度与中国特色政治发展道路"学术研讨会的报

告(摘要)/吴宝通,周志华,肖照青//调研参考. -2005. (32). 50

台湾第二品牌政党的困境:第五、六界"立委"选举亲民党与"台联党"政党品牌之变化/吴春城//台湾研究集刊. -2005. (3). 36

完善当代中国政党制度的思考/吴洪宝//华南理工大学学报. -2005. (3). 8

论现代化进程中的政党制度与政治稳定/吴辉//理论与现代化. -2005. (3). 45

中国政党制度结构功能比较/吴茜//中央社会主义学院学报. -2005. (5). 22

党的制度改革与制度创新探讨/许耀桐//中国共产党. -2005. (9). 31

中国政党制度形成的政治文化分析/闫东//中国政治. -2005. (11). ;社会科学. -2005. (8). 116

加强政党制度研究 推进政党制度建设/闫书忠//中共成都市委党校学报. -2005. (5). 12

自觉抵制西方"新自由主义"的侵蚀 坚持走中国特色的政党制度建设之路/闫向春//天津市社会主义学报. -2005. (3). 21

党内民主改革的制度分析/杨宏山//云南行政学院学报. -2005. (6). 13;转载:中国共产党. -2006. (2). 34

政党的政治参与与功能问题初探/杨束芳,袁枫//理论研究. -2005. (5). 38

略论当代中国政党制度与政治文明/杨菘//理论界. -2005. (11). 38

中国特色政党制度的基本功能及其实现状况/杨绪盟//当代世界与社会主义. -2005. (2). 56

关于民主执政若干问题的思考/姚桓//中国特色社会主义研究.

-2005.(3).41

关于民国初期多党制失败的思考/尹行创//陕西师范大学继续教育学报.-2005.(增刊).80

走中国特色的政治发展道路是我国政党制度坚定不移的发展方向/游洛屏//中国统一战线.-2005.(5).10

政治文明与中国政党制度/于小英//四川统一战线.-2005.(6).15

论民族主义政党的类型和特征/余科杰//新视野.-2005.(3).74

试论社会转型与政党制度的发展/张惠玲,张陟遥//重庆社会科学.-2005.(7).83

"群众性政党"的提出与中共四大的作用/张明楚//上海行政学院学报.-2005.(2).78

论政党能力特征和途径/张涛//深圳大学学报.-2005.(3).50

世界政党制度概述/张治科//党的建设.-2005.(7).55

中西政党党内民主发展的路径差异/赵理富//党政干部论坛.-2005.(7).9

政党制度新特色/甄小英//光明日报合订本.-2005.(1).上.1月4日19版

推进中国政党制度的健康发展/郑俟丽//理论学刊.-2005.(9).68

论社会主义国家的政党体制/郑延泽//河南大学学报.-2005.(6).165

我国政党制度安全:挑战及对策/周国平//江南社会学院学报.-2005.(2).1

论我国政党制度运行的环境因素/周苡华//新疆社科论坛.-2005.(5)

加强政党制度建设 推进中国特色政治发展/周淑真,刘红凛//当代世界与社会主义.-2005.(6).156

中国现行的政党制度——历史的必然选择/周旭霞,尚漪//安徽工业大学学报:社科版,-2005.(5).6

试论"三三制"中的价值取向原则/朱前星//毛泽东思想研究.-2005.(4).12

民初政党政治的失败及其原因分析/朱旭红//社会科学战线.-2005.(3).313

当代东亚政党政治的发展/李路曲著.学林出版社,2005

中国政党制度研究/廖继红著.中国社会出版社,2005

政党制度与政治稳定:东南亚经验的研究/吴辉著.世界知识出版社,2005

政党和政党制度比较研究/徐锋著.东华大学出版社,2005

中国共产党的政党学说:一个学说史视角的梳理和分析/杨德山著.中共党史出版社,2005

移植与异化:民国初年中国政党政治研究/杨绪盟著.人民出版社,2005

中国政党制度100年/张鸿梅,孙信主编.吉林人民出版社,2005

世界政党发展与当代中国政党制度建设学术研讨会论文集/中国统一战线理论研究会,政党理论北京研究基地编.华文出版社,2005

(二)多党合作制度部分

中共三代领导集体对多党合作理论的发展/白凤玲//理论学刊.-2005.(9).63

同舟共济向未来:写在《中共中央关于进一步加强中国共产党领导的多党合作和政治协商制度建设的意见》颁布之际/袁建达//光明日报合订本.-2005.(3).下.4月23日1版

推进社会主义政治文明建设的重大举措/本报评论员//光明日报合订本.-2005.(3).下.4月21日4版

论建国初多党合作的经验及启示/曹婧妤//中央社会主义学院学报.-2005.(2).20

国内毛泽东多党合作思想研究述评/曹月柱//高校社科信息.-2005.(3).28

多党合作谋发展 参政兴国创:学习中发[2005]5号文件的体会/陈和平,王远启//云南社会主义学院学报.-2005.(2)

邓小平在确立中国特色多党合作制中的重大贡献/陈其贵//西南科技大学学报(哲学社会科学版).-2005(2).27

坚持多党合作制度,提高合作公事能力:学习《中共中央关于进一步加强中国共产党领导的多党合作和政治协商制度建设的意见》的体会/陈智伦//调研参考.-2005.(26).1

谋长远之道 建有用之言 献务实之策——成思危在加强中国共产党领导的多党合作和政治协商制度建设座谈会的发言/成思危//杭州民建.-2005.(4).8

多党合作对构建社会主义和谐社会的现实意义/程单剑等//江苏省社会主义学院学报.-2005.(3)

加强多党合作制度化规范化和程序化建设的探析与思考/丁荣茂等//江苏省社会主义学院学报.-2005.(4)

新世纪加强我国多党合作和政治协商制度建设的纲领性文件/丁荣树//四川社会主义学院学报.-2005.(2).16

论我国多党合作制的必然性与政治优势/范建明//重庆工商大学学报.-2005.(增刊).5

多党合作与政治协商制度对完善我国现行政党制度的几点思考/冯丽//阴山学刊:社科版.-2005.(3).93

邓小平多党合作理论的理论渊源和历史创新/傅社敏//山西高等学校社会科学学报.-2005.(7).12

进一步加强我国多党合作中的民主监督和制度建设:学习借鉴为我所用/顾思茂//广西社会主义学院学报.-2005.(4)

各民主党派工商联学习《中共中央关于进一步加强中国共产党领导的多党合作和政治协商制度建设的意见》/光明日报//光明日报合订本.-2005.(4).4月28日

就学习贯彻落实《中共中央关于进一步加强中国共产党领导的多党合作和政治协商制度建设的意见》中央统战部负责人答本报记者问/光明日报//光明日报合订本.-2005.(3).下.4月22日2版

多党合作与构建和谐社会/韩启德//人民日报.-2005.12.23

协商政治与中国多党合作制度的规范化建设/何建津,代吉成//福建省社会主义学院学报.-2005.(4).31

美国政党与媒体的关系/何军//中共天津市委党校学报.-2005.(2).65

从文化角度看多党合作和政治协商制度/何星亮//中国政协.-2005.(4).36

建国初期党的合法性基础与民主党派/胡倩燕//宁夏党校学报.-2005.(2).43

解读中央出台多党合作新文件/黄海霞//瞭望新闻周刊.-2005.(12).11

坚持和完善多党合作制度为构建和谐社会提供政治保证/黄梅//云南社会主义学院学报.-2005.(4).42

关于我国多党合作的若干理论问题/黄铸//湖北省社会主义学院学报.-2005.(1)

和谐的政党关系助推中共执政能力的建设/蒋汉芹//重庆社会主

义学院学报.-2005.(4).34

和谐社会中的党派关系/金安平//新视野.-2005.(6).30

从"三大法宝"到"三大理论"创新/蓝蔚青//理论视野.-2005.(6).19

论和谐社会民主政治建设对民主党派的要求/雷近芳//广东省社会主义学院学报.-2005.(4).26

我国的政党制度有利于实现社会稳定/梁波//哈尔滨市委党校学报.-2005.(5)

多党合作制度与政治文明建设/梁丽萍,邱尚琪//浙江学刊.-2005.(1).75

邓小平民主党派监督思想探析/刘继华//重庆社会主义学院学报.-2005.(4).38;转载:邓小平理论、"三个代表"重要思想.-2006.(3).12

社会学视野中的多党合作与政治协商/刘晓青,刘艳军,罗喜安//辽宁省社会主义学院学报.-2005.(6).19

论多党合作制度建设中的程序先行——关于多党合作制度化、现代化、程序化的新思考/吕忠梅//理论月刊.-2005.(9).42

科学的政治发展观是多党合作事业不断发展和完善的根本动力/马聪//中央社会主义学院学报.-2005.(2).11

我国多党合作事业不断发展的原因/毛家书//世纪行.-2005,(9).18

论邓小平对确立多党合作制度的卓越贡献/缪慈潮//中共福建省委党校学报.-2005.(2).14

构建和谐社会与优化多党合作的政治民主化功能/齐春雷//攀登.-2005.(5)

构建社会主义和谐社会应充分发挥多党合作的利益整合功能/齐

春雷//中央社会主义学院学报. -2005. (5)

充分开发我国党际监督的政治资源/邱萍//湖南工业职业技术学院学报. -2005. (9). 62

发展和谐的社会主义政党关系:对进一步加强共产党领导的多党合作和政治协商制度建设的几点认识/曲建华//天津市社会主义学院学报. -2005. (4)

加强多党合作的制度化、规范化和程序化建设/沈艳//辽宁省社会主义学院学报. -2005. (3)

刍议发展完善多党合作制度与坚持走中国特色政治发展道路:学习中发[2005]5号文件的一点体会/石光树,王鑫帅//调研参考. -2005. (32). 57

多党合作的和谐社会/孙津//当代世界与社会主义. -2005. (1). 48

邓小平多党合作思想浅析/唐华生//黑龙江省社会主义学院学报. -2005. (1). 25

统一战线理论研究的丰硕成果/童颜//光明日报合订本. -2005. (11). 下. 11月25日15版

多党合作:中国发展民主政治的成果与选择/万光碧//重庆社会主义学院学报. -2005. (1). 25

对我国多党合作制度特征和优势的认识/王德志//江苏民进. -2005. (3). 15

浅谈中国共产党领导的多党合作和政治协商制度的特点和优势/王虎贤,李晓敏//宝鸡社会科学. -2005. (1). 19

进一步加强中共领导的多党合作和政治协商制度建设:学习中共五号文件几点体会/王继宣//北京市社会主义学院学报. -2005. (4)

"革命"与"反革命":1920年三大政党的党际互动/王奇生//中国现代史. -2005. (4). 31

我国多党合作理论和政策的重大发展:从《意见》到新的《意见》/王守君//湖北省社会主义学院学报.-2005.(6).3

我国多党合作理论政策创新的重要里程碑/王守君,张发贵//贵州社会主义学院学报.-2005.(2).4

关于多党合作工作机制的思考/王页兴//广州社会主义学院学报.-2005.(2)

加强中国共产党领导的多党合作和政治协商制度建设的法律思考/韦弘烨//前进论坛.-2005.(7)

社会多样性发展与坚持和完善我国多党合作制度/吴茜//理论前沿.-2005.(9).15

论多党合作与社会主义政治文明的关系/吴日明,张扬金//党史文苑.-2005.(1).70

多党合作 和而不同:传统文化对中国共产党领导的多党合作政党制度的影响初探/吴思敏//中央社会主义学院学报.-2005.(3).24

邓小平多党合作制度创新再认识/伍醒//宁波工程学院学报.-2005.(1).98

多党合作新的里程碑/萧汶//天津市社会主义学报.-2005.(1).8

深刻理解多党合作和政治协商制度的优越性/肖光成//四川统一战线.-2005.(6).6

论中国共产党领导的多党合作的政治功能/肖徐波//求索.-2005.(2).58

中国共产党领导的多党合作和政治协商制度之我见/谢浩//广东工业大学学报.-2005.(2).49

简论我国多党合作制度的政治文化环境建设/徐小凤//中央社会主义学院学报.-2005.(3)

在多党合作制度的视野中考量政治文明建设/杨爱珍//湖北省社

会主义学院学报. −2005.(1).20

毛泽东多党合作思想对马克思主义政党关系学说的丰富和发展/姚植传//湖南省社会主义学院学报. −2005.(5).4

进一步发挥民主党派的监督作用保持党的先进性/叶舒畅//社会科学家. −2005.(增刊).34

新时期多党合作的纲领性文件/于小英//湖南省社会主义学院学报. −2005.(3)

从民初政党政治的异化看多党制在中国的命运/曾宇辉//广州社会主义学院学报. −2005.(4).27

邓小平多党合作思想的形成发展与完善/张冠军//理论探索. −2005.(4).133

党的执政能力建设与多党合作制度的坚持和完善/张津凤//天津市社会主义学报. −2005.(3).25

多党合作的新篇章:学习《中共中央关于进一步加强中国共产党领导的多党合作和政治协商制度建设的意见》/张榕明//民讯. −2005.(3)

多党合作与加强中国共产党执政能力建设/张献生//调研参考. −2005.(2)

健全和完善我国多党合作的运行机制/张献生//中央社会主义学院学报. −2005.(4)

我国多党合作中的互相监督关系:我国政党制度中几个基本关系探讨之三/张献生//中央社会主义学院学报. −2005.(1).18

在坚持和完善多党合作中促进共产党的执政能力建设/张献生//民主. −2005.(1).7

准确把握我国多党合作的政治准则/张献生//上海市社会主义学院学报. −2005.(6).24

坚持多党合作 共建小康社会/赵浩沁//内蒙古统战理论研究.—2005.(6).14

新时期多党合作和政治协商的纲领性文件:学习《中共中央关于中国共产党领导的多党合作和政治协商制度建设的意见》的几点体会/赵家治//中国政协.—2005.(9).52

多党合作与党的执政能力建设/赵龙飞//北京市社会主义学院学报.—2005.(4).3

加强参政党的自身建设是实践多党合作制的重要保证/赵娜//中共济南市委党校学报.—2005.(4).25

世界政党政治发展与坚持和完善共产党领导的多党合作制度/郑宪//天津市社会主义学报.—2005.(1).12

多党合作——构建中国新型政党关系:纪念中发[1989]14号文件颁布15周年/郑永祥//政协天地.—2005.(5).10

中共中央颁发《关于进一步加强中国共产党领导的多党合作和政治协商制度建设的意见》/中共中央//光明日报合订本.—2005.(3).下.4月21日1版

推进多党合作制度化、规范化、程序化的回顾、思考与建议/重庆市委统一战线一处//重庆统一战线.—2005.(1-2).15

加强和改善党对人民政协工作的领导是全面加强党的执政能力建设的重要内容/周罗庚//毛泽东邓小平理论研究.—2005.(8).37

指导多党合作事业的一部纲领性文件:论中发5号文件的精神实质/庄聪生//北京市社会主义学院学报.—2005.(4).7

关于加大民主党派监督力度问题的思考/左葛生//党史文苑.—2005.(6)

加强共产党领导的多党合作和政治协商制度建设学习读本/本书编写组编.人民出版社,2005

多党合作与社会主义政治文明建设/龙太江著.中国文史出版社,2005

《中共中央关于进一步加强中国共产党领导的多党合作和政治协商制度建设的意见》专题讲座/楼志豪,朱晓明主编,中央社会主义学院编著.华文出版社,2005

中国共产党领导下的多党合作制度研究/毛春兰著.南京大学出版社,2005

当代中国的多党合作制度/吴美华著.中共党史出版社,2005

多党合作与参政党建设调研成果汇编:调研报告集/中央社会主义学院课题组.华文出版社,2005

多党合作与参政党建设调研成果汇编:座谈会纪要集/中央社会主义学院课题组.华文出版社,2006

《中共中央关于进一步加强中国共产党领导的多党合作和政治协商制度建设的意见》学习问答/庄聪生,袁廷华主编,王宪等编写,中共中央统一战线工作部编.华文出版社,2005

(三)执政党建设部分

关于加强党的执政理论建设的思考/安徽省社科院"党的执政理论研究"课题组//江淮论坛.-2005.(4).5;转载:中国共产党.-2005.(11)

以制度建设为重点,加强党的执政能力建设/包心鉴//中国共产党.-2005.(2).29

关于党的执政体制研究的几个问题/常黎峰//中国共产党.-2005.(9).;理论导刊.-2005.(6).32

中国共产党政党精神形成规律研究/常瑞平,冯学工,邢洪儒//攀

登. -2005.(4).22

马克思恩格斯关于无产阶级政党建设基本观点研究/陈登才//理论视野. -2005.(3).18

中国共产党执政模式探索和对合法性挑战的回应/陈红太//毛泽东邓小平理论研究. -2005.(7).13

关于"构建社会主义和谐社会"研究综述/陈明凡,宋衍涛//探索. -2005.(4).13;中国政治. -2005.(11)

江泽民执政党建设思想是一个完整的科学体系/陈群//光明日报合订本. -2005.(1).下.1月24日8版

对政党执政能力外部特征的政治学分析/陈孝勇,于贵平//甘肃理论学刊. -2005.(1).37

邓小平对中国共产党执政理论的探索/储峰//邓小平理论、"三个代表"重要思想. -2005.(11).42

从苏共教训看执政能力建设的重要/崔亚平//党史纵横. -2005.(3).42

民主执政党的理论视角/邓伟志//探索与争鸣. -2005.(2).34

中国共产党与西方政党执政难度之比较/邓永昌//贵阳市委党校学报. -2005.(3).9

论政党执政能力的系统性/狄国忠//宁夏党校学报. -2005.(4).31

论影响政党执政绩效的几个关键要素/杜艳华//学习与探索. -2005.(4).9

民主执政是共产党执政的根本/范晓晔//人民论坛. -2005.(1).78

试论执政党意识形态"中间化"的动因及表现/付杰//政治学. -2005.(8).24

汲取苏共兴亡经验,掌握执政三大法宝:共产党执政规律要领/高放//云南行政学院学报. -2005.(2).4

党内民主建设科学执政政党的制高点/龚志伟//广西社会科学. -2005.(11).9

邓小平执政主体建设思想探微/顾成敏//邓小平理论、"三个代表重要思想". -2005.(11).46

在民族地区加强党的执政能力建设的思考与探索/郭鹤立//甘肃民族研究. -2005.(2).1

政党执政合法性涵义辨析/何源章//广西社会科学. -2005.(6).12

为谁执政,靠谁执政,怎样执政——《中共中央关于加强党的执政能力建设的决定》的价值取向/侯远长//中国共产党. -2005.(2).7

在省部级主要领导干部提高构建社会主义和谐社会能力专题研讨班上的讲话(2005年2月19日)/胡锦涛//中国共产党. -2005.(9).4

试论政党心理在提高党的执政能力中的价值/黄兢//中共桂林市委党校学报. -2005.(3).7

执政成本的合法性研究/季建林//体制改革. -2005.(11).3

关于吸收和借鉴其它执政党执政能力建设有益经验的几个问题/季明//攀登. -2005.(4).26

提高我党执政能力可借鉴国外政党经验/姜汉斌,季明//内部参阅. -2005.(28).2

政党权威与政府能力:发展中国家政治稳定问题的两个视角/姜淑芝,王辉//社会科学战线. -2005.(2).327

论政党执政合法性的根本依据及积蓄提升/姜子华//楚雄师范学院学报. -2005.(2).72

从纲领性政党向媒体性政党的转变/焦玉莉//辽宁行政学院学报. -2005.(5).237

论政党依法执政的基本原则/矫波//南京社会科学. -2005.(3).65

分析西方政党制度面临的危机　谈加强我党执政能力建设的必要性/金宝辰//中国科技信息.-2005.(4).180

执政论/金东日//河北学刊.-2005.(3).46

十三届四中全会以来执政党建设探索的历史启迪/金钊//中国特色社会主义研究.-2005.(5).59

执政地位法律决定论的理论困境/康纪田//甘肃理论学刊.-2005.(2).38;转载:中国共产党.-2005.(7)

中国共产党执政资源的整合能力/课题组//体制改革.-2005.(9).3

论健全党的执政体制/雷后礼//中共济南市委党校·南京市行政学院学报.-2005.(4).6;转载中国共产党.-2006.(3).27

科学发展观的政治意义/冷溶//政治学研究.-2005.(3).1

宪政维度下的政党与政权关系/李金国//深圳大学学报.-2005.(3).55

中西执政党执政方式比较及其启示/李景治//中国人民大学学报.-2005.(5).78

借鉴西方政党执政经验:加强党执政能力建设的又一视角/李军,曹蓓蓓,徐传山//理论探讨.-2005.(4).146

吸取国外政党的执政教训,加强党的执政能力建设/李勇,曹胜//济南职业学院学报.-2005.(3).21

有序民主化:论党在中国政治发展中的重要作用/林尚生//毛泽东邓小平理论研究.-2005.(3).5;中国政治.-2005.(3).31

《论党》在政党与领袖关系问题上的误区/林蕴晖//河南师范大学学报.-2005.(9).5

《共产党宣言》与中国共产党纲领建设探析/凌志//毛泽东邓小平理论研究.-2005.(9).61

民主执政:当前执政能力建设的重中之重/刘新宜//中国特色社会主义研究.-2005.(1).45

长期执政的政党如何保持活力和诚实/吕元礼//河南师范大学学报.-2005.(9).215

论执政党的执政权威:以新加坡人民行动党为例/吕元礼//社会科学家.-2005.(5).147

论邓小平对苏联共产党执政经验的批判和借鉴/梅定祥//邓小平理论、"三个代表"重要思想.-2005.(10).44

执政能力建设:马克思主义党建学说的重大发展/齐卫平//马克思主义,列宁主义研究.-2005.(6).38

建国以来我党在发展观认识上的三次重大转变/乔益洁//攀登.-2005.(4).38

新时期党的理论转型的历史进程/邵艾青//行政与法.-2005.(10).15

执政党建设理论的重大发展/石仲泉//邓小平理论,三个代表重要思想.-2005.(4).27;湖湘论坛.-2005.(1).5

关于我党执政方式法治化的思考/苏尚云//求实.-2005.(11).17

非传统安全对执政党的考验/汤啸天//探索与争鸣.-2005.(8).20

民主决策与政党执政能力的关系分析/田进//四川行政学院学报.-2005.(3).33

马克思主义执政理论的两大基本理论问题与时代课题/田芝健//毛泽东邓小平理论研究.-2005.(12).42

关于执政能力建设研究的几个问题/王炳林,汤志华//中国特色社会主义研究.-2005.(3).37

专政·执政·执政能力·治理能力辨析/王冠中//湖北行政学院学报.-2005.(2).14

马克思主义中国化与党的理论建设问题/王海琳//马克思主义与现实.-2005.(5).135

不断推进党的现代化建设/王继元//唯实.-2005.(10).16

对发展党内民主问题的若干思考/王一程//政治学研究.-2005.(2).6;转载:中国共产党.-2006.(1).35

政党伦理中的执政主体德性/王泽应,贺志敏//中共天津市委党校学报.-2005.(2).62

马克思主义执政党建设理论的创新与发展/卫庶,叶帆//光明日报合订本.-2005.(12).上.12月5日9版

意识形态整合:构建社会主义和谐社会的重大课题/吴家骥,鲁彩荣//学术探索.-2005.(1).11

概念过程·理论视角·哲学理念——对"党的执政能力"概念的解读/吴军//毛泽东邓小平理论研究.-2005.(1).65

论执政党的先进性与执政能力:由苏共垮台的历史教训想到的/吴伟//社会科学管理与评论.-2005.(2).33

中国共产党政党文化浅析/肖铁肩,丁芳//中南大学学报.-2005.(1).75

邓小平党的执政能力和建设思想研究述评/谢嘉梁,胡祖凤,唐美云//邓小平理论、"三个代表"重要思想.-2005.(12).36

当代中国执政党建设的政治学问题/谢岳//中国共产党.-2005.(9).45

一些外国共产党加强执政能力建设的主要做法/辛易//党建.-2005.(3-4).23

居安思危:探索政党执政的一般规律/许明//理论与当代.-2005.(1).20

中国共产党执政方式的历史考察/杨绍华//共党史研究.-2005.

(6).95

中国共产党执政能力与中国社会主义和谐社会/叶险明//学习与探索.-2005.(3).76

构建社会主义和谐社会需处理好的若干重大关系/虞云耀//中国党政干部论坛.-2005.(3).4

执政规律的政治系统分析/禹美娘,梁道刚//理论与改革.-2005.(3).40

马克思主义政党先进性建设的四重维度/袁秉达//党政论坛.-2005.(7).8

党依法执政的重大理论和实践问题/袁曙宏//国家行政学院学报.-2006.(1).11;转载中国共产党.-2006.(4).23

略论政党建设的目标选择/张东华//理论学刊.-2005.(1).16

和谐社会的理论本源、目标模式及实现途径——从执政党的视角看问题/张荣臣//唯实.-2005.(10).48;转载:中国共产党.-2006.(1).27

一项系统而重要的工程——"党的执政理论建设"研究综述/张衍前//前线.-2005.(7).23;中国共产党.-2005.(10).52

邓小平执政思想探析/张业超//邓小平理论、"三个代表"重要思想.-2005.(11).37

关于建设学习型政党的几点思考/张志远//才智.-2005.(11).18

论当代中国政党权威的强化与转型/赵海涛//重庆工商大学学报.-2005.(2).1

论建设学习型政党/赵可铭//求是杂志.-2005.(7).28

执政能力:党的建设重中之重/赵曜//中国共产党.-2005.(10).20

论中国共产党执政资源的整合能力/中共无锡市委党校课题组//中共南京市委党校南京行政学院学报.-2005.(5).41

中国政治改革的总纲领——解读《中共中央关于加强党的执政能力建设的决定》/周叶中//中国共产党.－2005.(6).18;长江论坛.－2005.(1).4

中国共产党执政方式的现代化转换:历史、依据及路径/周玉蓉,陶维兵//学术论坛.－2005.(11).47

从巴黎公社的民主原则到中国共产党的民主执政思想/朱峻峰//中国特色社会主义研究.－2005.(3).34

政党政府的性质:一种比较性的欧洲视角/(法)让·布隆代尔(Jean Blondel),(意)毛里齐奥·科塔(Maurizio Cotta)主编,曾森,林德山译.北京大学出版社,2005

《江泽民论加强和改进执政党建设(专题摘编)》学习导读/本书编写组编.红旗出版社,2005

《江泽民论加强和改进执政党建设(专题摘编)》学习辅导/本书编写组编.人民日报出版社,2005

《江泽民论加强和改进执政党建设(专题摘编)》学习辅导读本/本书编写组编.人民日报出版社,2005

《江泽民论加强和改进执政党建设(专题摘编)》学习问答/本书编写组编著.国家行政学院出版社,2005

《江泽民论加强和改进执政党建设》(专题摘编)学习读本/本书编写组编著,人民出版社,2005

江泽民执政党建设思想概论/本书编写组编著.研究出版社,党建读物出版社,2005

党的先进性与执政党建设/蔡长水,卢先福主编.中共中央党校出版社,2005

马克思主义理论研究和建设工程·执政党建设研究系列/陈浙闽,叶梧西主编.中共中央党校出版社,2005

马克思主义执政理论研究/陈浙闽,叶梧西主编. 中共中央党校出版社,2006

欧洲政党执政经验研究/顾俊礼主编. 经济管理出版社,2005

重托:执政党能力建设历史透析/姜宪利,刘靖华总策划、总撰稿. 中共中央党校出版社,2005

执政党建设案例教程/李新生主编. 中共中央党校出版社,2006

毛泽东邓小平江泽民执政党建设思想研究/李艳著. 中央文献出版社,2005

执政的逻辑:政党、国家与社会/刘建军,陈超群主编. 上海辞书出版社,2005

新时期执政党建设纲要/:聂肇正,杜金亮编著. 中国石油大学出版社,2005

国外政党执政镜鉴/唐君,辛易主编. 浙江人民出版社,2005

世界执政党兴衰史鉴/王长江,姜跃主编. 中共中央校出版社,2005

理论·实践·比较:执政党建设问题研究/赵晓呼,进建斌著. 天津人民出版社,2005

中外执政党制度建设论纲/周敬青著. 中共中央党校出版社,2005

(四)参政党建设部分

试论参政党参政议政能力的建设与提高/白云//民主. -2005. (12). 11

浅析参政党理论建设需要把握的框架/卞直忠//上海市社会主义学院学报. -2005.(2). 42

论参政党的政治联盟性质及其政治地位/蔡永飞//北京市社会主

义学院学报.-2005.(2).35

论中国参政党是执政党的亲密友党/蔡永飞//上海市社会主义学院学报.-2005.(2).32

对参政党现代化的思考/陈国生//文史博览理论.-2005.(16).36

新世纪新阶段民主党派的性质/陈汉彬//贵州社会主义学院学报.-2005.(3).4

加强民主党派自身建设构建社会主义和谐社会/杜佩莲//广州社会主义学院学报.-2005.(3).21

浅析新的社会阶层是参政党组织发展的新构成/杜铁光//辽宁省社会主义学院学报.-2005.(6).21

社会转型与民主党派之整合功能/侯欣一//天津市社会主义学院学报.-2005.(4).16

参政党参政能力建设刍议/黄福寿//团结.-2005.(1).8

从社会主义政治文明视角看民主党派建设/黄展//湖北省社会主义学院学报.-2005.(5).20

进一步发挥参政党在我国政治生活中的作用/孔亭//理论探索.-2005.(2).102

关于支持民主党派加强组织建设的实践与思考/李素华//调研参考.-2005.(4).38

论新世纪民主党派参政代表的进步性和代表性/刘吉元//邵阳学院学报(社会科学版).-2005.(5)

论新世纪参政党成员的政党意识及其培养/刘吉元,张峰林//湖南省社会主义学院学报.-2005.(1).28

关于参政党民主监督有效性的思考/刘金如//湖北省社会主义学院学报.-2005.(5).25

加强民主党派的参政能力建设/刘润堂//北京市社会主义学院学

报. -2005. (2). 43

不断深化对民主党派性质的认识/罗振建//贵州社会主义学院学报. -2005. (1). 23

完善与创新:民主党派参政议政机制问题探析/马桂萍,王芳//重庆社会主义学院学报. -2005. (1). 23

全面建设小康社会与参政党的能力建设/民建江苏省委课题组//江苏省社会主义学院学报. -2005. (2). 18

参政党现代化建设的依据与途径/彭寿清//求索. -2005. (9). 113

新形势下民主党派建设的几个关键性问题/任江南//中央社会主义学院学报. -2005. (6). 9

民主党派的指导思想探析/宋国华//陕西社会主义学院学报. -2005. (4). 22

情系海峡 参政议政/台盟广东省委员会//广东台盟. -2005. (1). 17

对加强参政党理论建设的几点建议/谭圳惠//广西农工. -2005. (3). 25

试谈参政党定义表述的与时俱进/童若春//四川省社会主义学院学报. -2005. (2)

参政党完善参政议政工作机制的思考/王徽音//黑龙江省社会主义学院学报. -2005. (3). 24;山东统一战线. -2005. (10). 34

关于参政党建设的几个问题/王继宣//广州社会主义学院学报. -2005. (1). 57

对民主党派参政党地位的认识与思考/王佳铃//黑龙江省社会主义学院学报. -2005. (2). 17

对我国参政党民主监督职能的再思考/王江燕//广东省社会主义学院学报. -2005. (3). 49

关于参政党的几个理论问题研究/王录生//贵州社会主义学院学报.-2005.(2).8

参政党意识建设刍议/王相红//湖北省社会主义学院学报.-2005.(5).16

论新世纪参政党的职能/王小鸿//民主.-2005.(8).11

保持特色是民主党派自身建设的重要原则/王则楚//广州社会主义学院学报.-2005.(3).18

民主党派与社会主义民主/温丽娟,张艳//天府新论.-2005.(S2).16

从参政党的视角论析当代中国政党制度的完善和创新/吴细平//咸宁学院学报.-2005.(2).38

论民主党派对执政党的监督/谢朗峰//宜宾学院学报.-2005.(11).71

关于参政党建设的几点思考/徐成芳,于海会,徐晓东//辽宁教育行政学院学报.-2005.(9).4

关于新世纪参政党建设的几个问题/袁廷华//重庆统一战线.-2005.(3-4).28

加强制度建设 提高参政能力/张皎//民讯.-2005.(2).2

民主党派与新中国宪法变迁/张俊明//天津市社会主义学报.-2005.(3).41

参政党在构建社会主义和谐社会中的作用/赵荣国,杨布懿//北京市社会主义学院学报.-2005.(2).32

参政党能力建设一个与时俱进的课题/赵廷延//鞍山师范学院学报.-2005.(6).5

提高民主党派参政能力的一点思考/郑宪//民主.-2005.(5).10

正确认识民主党派数量与质量的关系/郑宪//上海市社会主义学

院学报. -2005. (2). 29

民主党派监督机制重塑研究/龚志宏//河南师范大学学报(哲学社会科学版). -2005. (2)

发挥民主党派在构建和谐社会中的作用/李敏龙//中国政治. -2005. (10). 36

发挥民主党派的民主监督作用构建社会主义和谐社会/元晓平//天津市社会主义学报. -2005. (1). 18

中国的参政党/民革中央《中国的参政党》编写组. 团结出版社, 2005

中国民主党派建设理论/郑宪著. 中共中央党校出版社, 2005

(五)国外政党研究和比较研究部分

俄共在农村的选举支持及其对俄罗斯政党体制的意义/(美)斯蒂芬. K. 韦格伦著, 王军译//当代世界社会主义问题. -2005. (2). 35

国外共产党现状及前景/柴向荣//中国共产党. -2005. (5). 138

从印度人民党下台看执政党的基础建设/陈才明//中国党政干部论坛. -2005. (5). 42

试论新加坡人民行动党长期执政的经验/陈卉//湖北经济学院学报. -2005. (5). 84

对国外政党执政方式的考察及启示/陈惠冬//中共南宁市委党校学报. -2005. (2). 17

从政党体制的变迁看印度政治中的稳定与动荡/陈金英//国际论坛. -2005. (3). 69

欧洲政党决策和组织创新的一个缩影/陈露//当代世界与社会主义. -2005. (3). 67

从西方国家政党功能的演变看"政党衰落"论/陈崎//理论月刊. —2005.(8).160;政治学. —2005.(12).48

俄罗斯联邦共产党的发展及衰落原因/陈宪良//黑龙江社会科学. —2005.(6).43

普京时期俄罗斯左翼政党概观/陈宪良//西伯利亚研究. —2005.(6).57

西方社会民主党的全球化理论浅析/陈一兵,陈玲//河北青年管理干部学院学报. —2005.(12).

德国的政党法治化给我们的启示/崔英男//法学. —2005.(7).26

马来西亚伊斯兰教国理念、实践与政党政治/范若兰,孟庆顺//东南亚研究. —2005.(2).19

英国执政党的决策工作机制/冯秋婷//共产党员. —2005.(2).50

世界政党政治的基本走势及其启示/付立华,王俊芳//广西社会科. —2005.(5).23

美国政党政治的特点和社会关系/高新军//马克思主义与现实. —2005.(1).39

日本政党政治失败的十年/耿丽华,于丽萍//国外理论动态. —2005.(8).28

试论列宁集中制的理论体系和制度结构——对布尔什维克版本民主集中制原生形态的理论考察/管怀伦//马克思主义、列宁主义研究. —2005.(12).54

拉美国家的共产党为什么不能上台执政/郭元增,江时学//社会科学管理与评论. —2005.(2).37

西方政党与民主:在共生和悖论的结构中/郭忠华//岭南学刊. —2006.(2).19

西欧社会党强化执政能力的不懈追求/郝明//世界社会主义运

动. -2005. (3). 45

西方民主体制下的两党竞争与多党竞争模式比较/何文辉//岭南学刊. -2005. (6). 90

白俄罗斯的政党格局/侯静娜//国外理论动态. -2005. (1). 38

德国社会民主党的深层危机和德国新兴的左翼政党面临的挑战/侯树栋//国外理论动态. -2005. (12). 29

东欧制度变迁中的政党与政治思潮研究/姜琦,张月明//当代世界社会主义问题. -2005. (2). 19

当代西方执政党建设及启示/金正帅//前沿. -2005. (10). 211

俄共十一大修订党章透视/孔寒冰,田越//学习月刊. -2005. (12). 31

政党国家化与国家政党化:以近现代欧美政党政治为中心/雷斌,雷鸿//北京工业大学学报:社科版,-2005. (3). 61

原苏东国家执政党处理媒体宣传问题上的教训:兼谈社会主义国家执政党的执政能力建设/李建国//求实. -2005. (11). 21

印度国大党与墨西哥革命制度党盛衰根源比较研究/李建中//江苏行政学院学报. -2005. (3). 89

德国联邦宪法法院与德国政党/李林,崔英楠//中国社会科学院研究生院学报. -2005. (2). 31

当代东亚政党体制的转型:范式、原因和历史任务/李路曲//政治学. -2005. (5). 36

略论东亚主要政党意识形态的发展阶段及其特征/李路曲//政治学研究. -2005. (1). 51

泰国的政党政治与泰爱泰党一党独大局面的形成/李路曲//社会主义研究. -2005. (5). 112

美国政党组织的衰落及其原因分析/李铁明//文史博览. -2005.

(18).35

新加坡人民行动党的执政模式及其借鉴意义/李文//当代亚太. -2005.(5).3

普京时代俄罗斯政党制度的基本特征/李兴耕//中共天津市委党校学报. -2005.(4).79

论国外政党执政的主要经验教训/刘金东//南昌大学学报:人文社科版. -2005.(5).85

墨西哥国家行动党的渐进式改革以及党政关系的非传统模式/刘维广//拉丁美洲研究. -2005.(2).49

从政党的组织结构和组织制度看新加坡人民行动党长年执政的原因/刘阳//当代世界与社会主义. -2005.(6).38

苏联的强国进程及其解体对中国和平崛起的启示/陆南泉//中国特色社会主义研究. -2005.(3).44

英美两党制的异同比较/禄德安//商丘师范学院学报. -2005.(3).104

古巴共产党如何抓党建/吕飞科//领导之友. -2005.(5).38

俄共现状透视与前景展望/吕薇洲//教学与研究. -2005.(6).81

新加坡人民行动党执政思维的实用理性特征/吕艺礼//学习论坛. -2005.(4).75

日本社会党的演变轨迹/门晓红//科学社会主义/ -2005.(6).81

前车之覆,后车之鉴:对苏东前社会主义国家改革失败原因与教训的再认识/宁德业,潘丽娟//唐都学刊. -2005.(2).101

西方政党阶级基础变化探析/农华西//广西社会科学. -2005.(6).15

试析中国政党制度与西方多党制之区别/齐春雷//福建省社会主义学院学报. -2005.(1).28

乌克兰政党制度的变迁/强晓云//国外理论动态. ‐2005. (3). 25

当代西方经济发达国家执政党自身变革对我们党的现代化的启示/乔企国//学习论坛. ‐2005. (5). 53

西方国家政党与议会的关系/石世峰//人大研究. ‐2005. (5). 42

试析印度人民党的双重属性/宋丽萍//当代世界社会主义问题. ‐2005. (4). 66

欧洲移民问题的形成与欧洲极右翼政党的崛起/宋全成//山东大学学报. ‐2005. (6). 92

当代西方政党政治的新趋势/宋玉波//浙江工商大学学报. ‐2005. (6). 30

新加坡人民行动党执政经验研究/孙景峰//世界社会主义运动. ‐2005. (3). 55

当代亚洲政党政治演进的主要特点/唐海军//当代世界. ‐2005. (12). 33

民众基础缺失与苏共等六大政党丧失执政地位/唐海军//党建研究. ‐2005. (2). 57

当代世界政党变革的潮流/陶文昭//中国人民大学学报. ‐2005. (6). 87

摩尔多瓦共产党连续执政及其治党治国纲领/汪亭友//长春市委党校学报. ‐2005. (4). 21; 转载: 世界社会主义运动. ‐2005. (6)

论中产阶级与德国社会民主党的转型/王存福//当代世界社会主义问题. ‐2005. (4). 82

国外政党的执政经验教训值得研究借鉴/王家瑞//学习月刊. ‐2005. (1). 9

列宁关于俄共(布)在执政条件下如何保持自身先进性的理论与实践/王进芬//马克思主义、列宁主义研究. ‐2005. (12). 49

英国新工党的选举改革及其影响/王军,王凤鸣,李艳//当代世界与社会主义. -2005.(2).12

中国社会科学院第十届国际问题论坛 执政党建设国际经验与教训/王立强,郑秉文,李千,吴国平,谢文泽//拉丁美洲研究. -2005.(4).3

浅析世界政党非意识形态化的特点及对我党的启示/王向岭//南方论刊. -2005.(6).7

浅析当前世界政党政治现状和发展趋势/王向龄//广州社会主义学院学报. -2005.(3).16

新保守主义与美国共和党的政治合法性/王晓燕//当代世界与社会主义. -2005.(4).12

西方政党新竞选模式的特征及影响/王燕//中国党政干部论坛. -2005.(7).52

政党竞争模式与英国共识政治/王燕//当代世界与社会主义. -2005.(3).119

浅析政党与选举的关系/王颖//湖北大学学报. -2005.(1).37

西方政党的党内民主问题/王勇兵//学习时报. -2005.9.12.(6)

发展中国家政党执政的经验与教训/王瑜//领导之友. -2005.(5).36

互联网对西方政党政治的影响/王瑜//政治学. -2005.(12).46

日本自民党"一党优位制"的终结/王瑜//当代世界与社会主义. -2005.(3).21

西欧社会民主党是如何治国理政的/王瑜//领导之友. -2005.(3).40

冷战后社会党党际关系的新变化/王泽军//当代世界与社会主义. -2005.(5).120

波兰议会大选与左翼政党的浮沉/王志连,姬文刚//当代世界与社会主义. —2005.(6).33

社会党国际重建以来的发展历程及政策调整/王子昌,李明祥//世界社会主义运动. —2005.(2).55

日本共产党的政治变革/吴广义//当代世界. —2005.(7).31

法国执政党 关于财富再分配与社会和谐的实践/吴国庆//政协天地. —2005.(7).26;红旗文稿. —2005.(9).27

列宁对巩固共产党执政地位的思考/吴日明//马克思主义、列宁主义研究. —2005.(11).70

苏联解体后的俄罗斯社会民主党及其发展的局限性/向文华//当代世界与社会主义. —2005.(2).101

西方政党党内民主的功能及发展限度/谢峰//中共中央党校学报. —2005.(2).47

日本两党制趋势分析/徐家驹//外交学院学报. —2005.(4).54

西方政党执政方式的启示/杨明伟//中共成都市委党校学报. —2005.(12).

国外不同类别执政党执政方式比较分析/于洪君,王立勇//红旗文稿. —2005.(3).28

论列宁的"渐进发展"理论/俞良平//马克思主义、列宁主义研究. —2005.(12).61

拉美国家传统政党的衰败与可治理性危机/袁东振//拉丁美洲研究. —2005.(5).30

捷克社会民主党执政的经验教训/远方//当代世界. —2005.(10).25

欧洲绿党政治的新走向/张才国//中国共产党. —2005.(11).141;国际政治. —2005.(11).126

欧洲社会党面临的挑战与回应/张富良//科学社会主义.-2005.(5).79

英国政党执政方式初探/张宏颜,易新//黑龙江省社会主义学院学报.-2005.(4).25

俄罗斯"政权党"政治与《政党法》关系浅析/张剑//忻州师范学院学报.-2005.(4).53

对中国共产党与越朝老古各党提高执政能力的比较/张杰彬//珠海市行政学院.-2005.(4).19

美国两党的执政经验及其借鉴意义/张立平//当代世界与社会主义.-2005.(5).51

全球化时代欧洲左翼力量的整合与重组——以"欧洲左翼党"为例/张文红//当代世界与社会主义.-2005.(3).62

试论苏共执政能力建设的教训及其启示/张晓,马宁//宜兵学院学报.-2005.(9).6

当代西方执政党党内监督的主要经验及启示/张亚娟//中国共产党.-2005.(9).139

多党无序竞争与"颜色革命"/张战平//调研参考.-2005.(12).23

俄共分裂的原因及其出路探析/张陟遥,张惠玲//俄罗斯研究.-2005.(3).27

论美国总统选举人团制度与政党制度的互塑/张鸷远,王准//教学月刊(中学版下).-2005.(10).3

媒体政治与公民社会中西方社会党民主化进程的路径选择及其前景/赵刚印//世界社会主义运动.-2005.(6).51

解析日本共产党的政治变革/中国社会科学院世界经济与政治研究所"日本共产党研究"课题组//太平洋学报.-2005.(6).65

发展中国家社会党的新变化/钟和//当代世界与社会主义.

-2005.(6).22

泰国政党格局的转型与泰爱泰党的亲民务实路线/周方治//当代亚太.-2005.(5).16

德国社会民主党：从"全民党"到"新型政党"——罗歇尔教授访谈录/周敬青//科学社会主义.-2005.(3).83

美国两大政党处理文化冲突的理论与实践/周淑真,柴宝勇//当代世界与社会主义.-2005.(6).52

一些外国政党在执政能力建设方面的经验教训/周余云,王立勇//当代世界.-2005.(1).8

西方政党立法模式与宪政视野下的我国政党立法模式之转换/朱晓明//中国杭州市委党校学报.-2005.(4).78

冷战以来日本社民党(社会党)的新变化/朱艳圣//当代世界与社会主义.-2005.(2).37

西方政党制度的基本特征及启示/朱兆华//中共贵州省委党校学报.-2005.(1).55

比较政党制度变迁/Paul Pennings,Jan-Erik Lane 著,何景荣译.台北:韦伯文化国际出版有限公司,2005

政党差异性研究:中国共产党与西方政党比较/郭亚丁著.中国经济出版社,2005

世界政党比较与党的先进性建设/周永学著.红旗出版社,2005

（杨首茹、马利）

图书在版编目(CIP)数据

中国特色政党制度研究年度报告(2005)/中央社会主义学院政党制度研究中心编.—北京:中央编译出版社,2006.10
ISBN 7-80211-258-3

Ⅰ.中...
Ⅱ.中...
Ⅲ.政党-政治制度-研究报告-中国
Ⅳ.D665

中国版本图书馆 CIP 数据核字(2006)第 120473 号

中国特色政党制度研究年度报告(2005)

出版发行:中央编译出版社
地　　址:北京西单西斜街 36 号(100032)
电　　话:(010)66509360(总编室)　(010)66509364(发行部)
　　　　　(010)66509618(读者服务部)
网　　址:http://www.cctpbook.com
经　　销:全国新华书店
印　　刷:北京新丰印刷厂
开　　本:640×960 毫米　1/16
字　　数:198 千字
印　　张:16.75
版　　次:2006 年 11 月第 1 版第 1 次印刷
定　　价:36.00 元